Kinder nähen Lieblings-sachen

Kinder nähen Lieblingssachen

35 Projekte mit Nadel und Faden

Emma Hardy

Redaktion: Helen Ridge
Designer: Barbara Zuñiga
Fotograf: Debbie Patterson
Illustration: Stephen Dew und Kate Simunek

Die englische Originalausgabe erschien 2010 unter dem Titel "Sewing for children – 35 step-by-step projects to help kids aged 3 and up learn to sew“ von Emma Hardy bei CICO Books, USA.

Projektmanagement & Lektorat:
Anja Detzel und Carolin Eichenlaub
Übersetzung: Manuela Feilzer, Köln

Inhalt

Einleitung

Nähen zu lernen macht viel Freude und wird dir dein ganzes Leben hindurch nützlich sein. Egal, ob du einen Knopf annähen musst oder etwas Schönes für dein Zuhause schaffen möchtest.

Ich habe schon früh nähen gelernt und verbrachte viel Zeit damit, Kleider für meine Puppen zu entwerfen und zu nähen. Nachdem ich die ersten Stiche beherrschte, bereitete es mir viel Freude, aus Stoffresten schöne Dinge anzufertigen, und ich war stolz darauf, sie selbst gemacht zu haben. Mit der Zeit begann ich, Kleidung für mich zu nähen und mittlerweile nähe ich viele verschiedene Dinge. Jetzt lernen meine Töchter nähen und es macht ihnen genauso viel Spaß wie mir damals.

Dieses Buch enthält 35 kreative Ideen mit Schritt-für-Schritt-Anleitungen, von einfachen Fingerpuppen bis zu komplexen Kreationen, wie hübschen Stoffpuppen. Du brauchst nur wenige Hilfsmittel und Materialien und die meisten Projekte dauern nur wenige Stunden. Viele der Ideen eignen sich gut als Geschenke für Familie und Freunde, und ich hoffe, einige davon regen nicht nur Mädchen an zu nähen, sondern auch Jungen.

In einem Kapitel findest du praktische Anleitungen zu den Grundlagen des Nähens. Du kannst an Stoffresten üben oder du lernst sie einfach, während du die Ideen ausprobierst. Du kannst Knöpfe und Bänder sammeln und in Gläsern oder Dosen aufbewahren. Auch alte bunte, gemusterte Kleidung kannst du für tolle neue Kreationen wiederverwenden. Zu jedem Projekt gibt es eine Anleitung, aber wenn du sicherer wirst, kannst du sie abändern und so deinen ganz eigenen Stil kreieren.

Es gibt wenige allgemeingültige Regeln beim Nähen – du findest bestimmt deine eigene Technik. Du kannst ganz unterschiedliche Stoffe und Fäden verwenden und deine eigenen Kreationen entstehen lassen. Lass deiner Fantasie freien Lauf. Es ist nicht schlimm, wenn die ersten Versuche nicht perfekt sind, mit etwas Übung werden deine Stiche genauer und gleichmäßiger. Und denke daran: Deine Näharbeiten sollen wunderschön handgemacht wirken, damit man auch merkt, dass sie von dir selbst genäht sind.

Kapitel 1

Tiere und andere Wesen

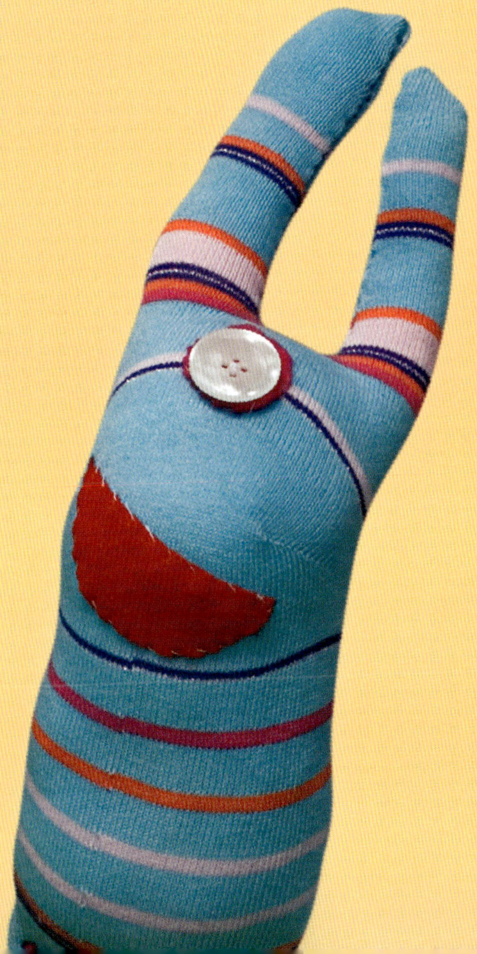

Handschuhhäschen

Hasenzauberei: Mit wenigen Stichen verwandelst du einen Handschuh in ein niedliches Häschen. Für den Kopf steckst du zwei Finger und den Daumen in den Handschuh und stopfst ihn aus, dann nähst du für das Gesicht unterschiedliche Knöpfe auf. Für die Beine nimmst du Socken. Zum Schluss nähst du deinem Häschen noch ein einfaches Kleid aus Stoffresten mit einem dekorativen Saum.

Das brauchst du:

Einen alten Handschuh
Schere
Stickgarn und -nadel
2 Knöpfe
Füllwatte
Ein altes Paar Socken
Stecknadeln
Nähnadel und Faden
Zackenschere
Stoffreste für das Kleid
Fransen- oder Pomponborte
Band für die Schleife

1. Nimm den Handschuh und stecke die beiden mittleren Finger und den Daumen nach innen. Schneide ein Stück Stickgarn ab und mache einen Knoten an ein Ende. Fädle den Faden ein. Nähe entlang der Oberkante der nach innen gesteckten Finger und des Daumens mit dem Überwendlichstich (siehe Seite 117), den du mit einem Knoten beendest. Schneide den Faden ab. Der Kopf des Häschens ist fertig. Nähe für die Augen zwei bunte Knöpfe mit Stickgarn an (siehe S. 118). Für den Mund nähst du dann einen großen Kreuzstich (siehe Seite 117).

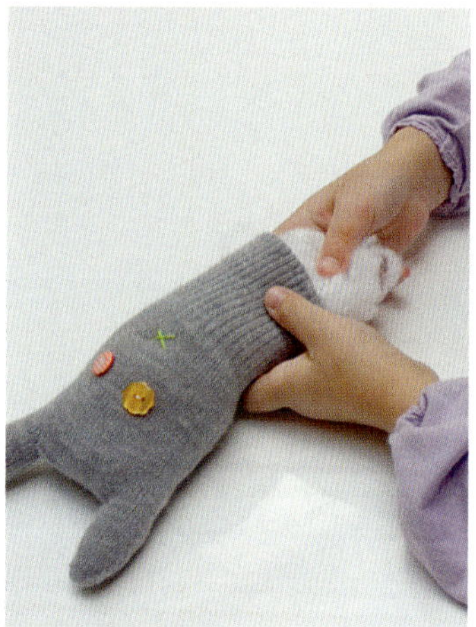

2. Stopfe den Kopf mit Füllwatte aus, die du vorsichtig in die Ohren schiebst (siehe Seite 115). Lege anschließend den Kopf zur Seite.

3. Drehe die Socken auf links und lege sie mit den Fersen nach oben auf den Tisch. Nimm Stickgarn, mache einen Knoten an ein Ende und nähe mit Vorstichen einmal über die Mitte jeder Socke. Fixiere den Faden mit einem weiteren Knoten.

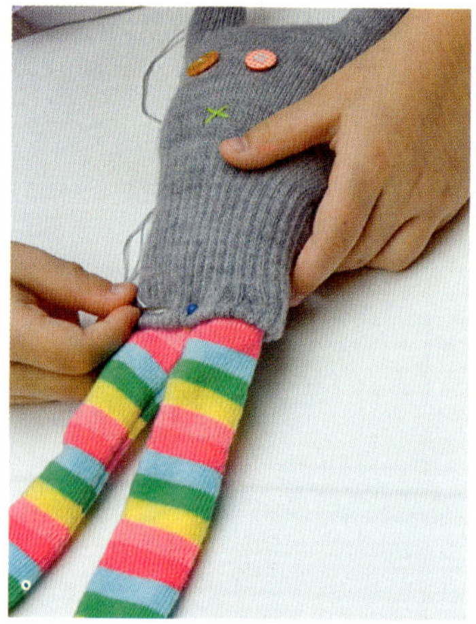

4. Drehe die Socken auf rechts. Die Beine des Häschens sind fertig. Lege sie in die Öffnung des Kopfes und stecke sie fest. Schneide eine Länge Faden ab und mache einen Knoten an ein Ende. Nähe mit Vorstichen über die Öffnung und achte dabei darauf, dass du durch die oberen Enden der Socken nähst. Mache einen Knoten am Ende und schneide den Faden ab. Entferne die Stecknadeln.

5. Schneide mit einer Zackenschere ein etwa 30 cm x 16 cm großes Stoffstück aus. Nähe die Fransen- oder Pomponborte mit Stickgarn entlang einer der langen Seiten an. Fixiere den Faden mit ein paar kleinen Stichen. Wenn nötig, schneide die Enden der Fransen oder der Borte ab, damit sie gleich lang sind. Nimm Stickgarn und nähe damit mit langen Vorstichen um den oberen Rand des Stoffes. Lasse die Enden unbefestigt. Ziehe leicht an den Enden des Garns, um den Rock zusammenzuziehen und am Häschen festzubinden.

6. Zum Schluss bindest du dem Häschen noch eine hübsche Schleife um den Hals.

Weise alte Eule

Diese Kuscheleule ist ein echter Hingucker! Du kannst eine Eule für dich selbst nähen oder sie an einen Freund verschenken. Wenn du den Körper nähst und mit Füllwatte ausstopfst, bekommst du ein wunderbar kuscheliges Stofftier zum Liebhaben. Für den Bauch und den Rücken der Eule kannst du Stoff in deiner Lieblingsfarbe oder mit deinem Lieblingsmuster verwenden. So wird sie garantiert einzigartig.

Das brauchst du:

Papier und Bleistift für die Schablonen
Schere
Stoff für den Körper
Stecknadeln
Nähnadel und Faden
Füllwatte
Filz für die Füße
Stoffreste für die Flügel
Schwarzen und weißen Filz
für die Augen
Schwarzes Stickgarn und Sticknadel
Orangenfarbenen Filz für den Schnabel
Orangenfarbenes Stickgarn
Grünen Filz für die Federn
Grünes Stickgarn

1. Verwende die Vorlagen auf Seite 124 nach der Anleitung auf Seite 116, um Papierschablonen für Körper, Füße, Flügel, Auge und Pupille, Schnabel und Federn auszuschneiden. Falte den Stoff für den Körper in der Mitte, stecke die Schablone darauf fest und schneide die Form aus. Entferne dann Stecknadeln und Schablone.

2. Stecke die beiden Teile des Körpers so zusammen, dass die Vorderseiten zueinander zeigen. Schneide einen Faden ab und fädle ihn ein. Beginne die Naht mit ein paar Stichen, damit der Faden hält. Nähe die beiden Stoffstücke mit Rückstichen (siehe Seite 116) zusammen, lasse dabei den unteren Rand offen. Beende die Naht mit ein paar kleinen Stichen. Schneide den Faden ab und entferne die Stecknadeln.

3. Drehe den Stoff des Körpers auf rechts und fülle ihn mit Füllwatte. Stopfe das Füllmaterial bis in die Ohren und fülle dann den Körper (siehe Seite 115). Lege den Körper zur Seite.

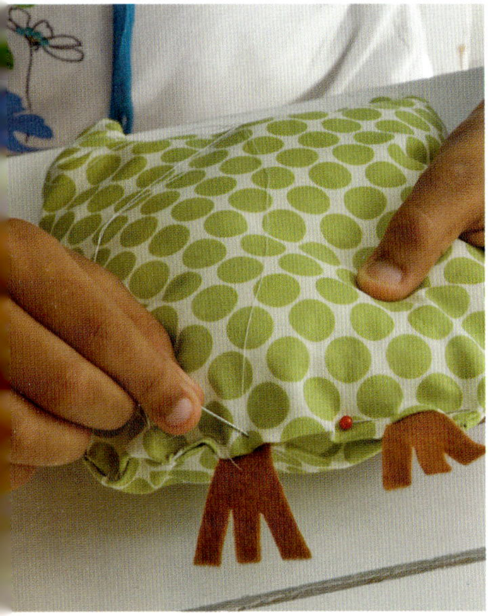

4. Falte den Filz für die Füße in der Mitte, stecke die Papierschablone darauf fest und schneide um die Schablone herum aus. Entferne Stecknadeln und Schablone. Drehe die Schnittkanten am unteren Ende der Eule nach innen und lege den oberen Teil der Füße in die Öffnung. Stecke sie fest. Verschließe die Öffnung mit Rückstich und beginne und beende die Naht mit ein paar kleinen Stichen. Schneide den Faden ab und entferne die Stecknadeln.

5. Falte den Stoff der Flügel in der Mitte, stecke die Schablone aus Schritt 1 darauf fest und schneide rundherum aus. Wiederhole diesen Schritt, damit du vier Flügelteile erhältst. Entferne Stecknadeln und Schablone. Stecke die zusammengehörenden Stoffstücke zusammen, sodass die Vorderseiten zueinander zeigen. Fixiere den Faden mit ein paar Stichen und nähe die Flügelstücke mit Rückstichen zusammen. Lasse eine Öffnung von 2,5 cm in den Flügeln. Drehe die Flügel auf rechts und fülle sie mit Füllwatte. Stülpe die Stoffkanten in die Flügel und verschließe die Öffnung mit Überwendlichstichen (siehe Seite 117), fixiere den Faden mit ein paar kleinen Stichen. Nähe ein paar Stiche da auf die Eule, wo ein Flügel angebracht werden soll und nähe durch die Rückseite des Flügels. Nähe durch beide Lagen und setze ein paar kleine Stiche ans Ende. Schneide den Faden ab. Wiederhole diesen Schritt für den anderen Flügel.

6. Schneide mithilfe der Schablonen aus Schritt 1 zwei weiße und zwei etwas kleinere schwarze Kreise aus Filz aus. Nähe die schwarzen Kreise mit schwarzem Stickgarn auf die weißen und beginne und beende die Naht mit einem Knoten auf der Rückseite des Auges. Verwende große Stiche, die wie Wimpern aussehen. Schneide den Faden ab.

7. Stecke die Augen auf die Eule. Verwende Nähnadel und Faden, um die Augen anzunähen und fixiere den Faden mit ein paar kleinen Stichen (siehe Seite 116). Entferne die Stecknadeln und schneide den Faden ab. Schneide den Schnabel mithilfe der Schablone aus orangem Filz. Nähe den Schnabel an der oberen Kante mit ein paar Vorstichen auf den Körper und beginne und beende die Naht mit einem Knoten im Filz.

8. Schneide mithilfe der Schablonen aus Schritt 1 drei Reihen Federn aus dem Filz. Nähe sie mit Vorstichen auf die Eule, beginne und beende die Naht mit je einem Knoten. Nähe die untere Reihe, dann die mittlere leicht versetzt und schließlich die obere Reihe, wieder leicht versetzt. So erhältst du Federn.

T-Shirt-Wesen

Crazy Aliens – du beherrschst sie alle! Du kannst lustige Formen auf alte T-Shirts zeichnen (so lassen sich abgenutzte T-Shirts gut wieder verwenden) und aus Filzresten und Knöpfen verrückte Gesichter machen. Frag aber einen Erwachsenen, bevor du ein T-Shirt zerschneidest, besonders wenn es nicht dir gehört.

Das brauchst du:

Ein altes T-Shirt
Filzstift
Stecknadeln
Schere
Nähnadel und Faden
Füllwatte (Füllmaterial)
Filzreste
Knöpfe
Stickgarn und Sticknadel
Strickwolle

1. Drehe das T-Shirt auf links und lege es flach auf den Tisch. Zeichne die Form deines Wesens mit dem Filzstift und mache es etwa 2 cm größer, als es am Ende sein soll. Du kannst jede Form nehmen, die dir einfällt, je verrückter, desto besser! Stecke die Lagen zusammen und schneide die Form sorgfältig aus beiden Lagen aus.

2. Schneide einen Faden ab und fädle ihn ein. Beginne die Naht mit ein paar kleinen Stichen, um den Faden zu fixieren und nähe dann mit Rückstichen (siehe Seite 116) einmal um die Form. Lasse eine Öffnung von etwa 5 cm. Entferne anschließend die Nadel und die Stecknadeln.

3. Drehe die Form nach außen. Fülle sie mit Füllwatte, stopfe sie gut in alle Ecken (siehe Seite 115). Fädle den Faden wieder ein und nähe die Öffnung mit Rückstichen zu. Beende die Naht mit ein paar kleinen Stichen und schneide den Faden ab. Suche als Nächstes die Filzreste und Knöpfe zusammen, aus denen das verrückte Gesicht deines Wesens entstehen soll.

4. Schneide Formen aus den Filzresten und stecke sie an die entsprechenden Stellen. Schneide eine Länge Stickgarn ab und fädle es in die Sticknadel ein. Fixiere das Garnende mit ein paar kleinen Stichen und nähe die Filzformen mit Rückstichen oder Vorstichen an (siehe Seite 116). Für die Augen nähst du Knöpfe auf (siehe Seite 118). Für die Haare wickelst du dir die Wolle um die Hand, nimmst sie dann ab und bindest ein extra Stück Wolle um die Mitte. Nähe das Haar mit ein paar Stichen auf den Kopf. Beginne und beende die Naht mit einem Knoten.

Abwandlung:

Als witzigen Mund kannst du deinem Sockenmonster die Ferse zunähen oder einen Filzmund aufnähen. Fixiere dafür den Faden mit ein paar kleinen Stichen am Anfang und am Ende. Wenn du möchtest, kannst du für die Augen auch Filzkreise auf das Monster nähen, bevor du die bunten Knöpfe aufnähst. Nähe sie genauso an wie den Filzmund.

Sockenmonster

Wirf deine alten Socken nicht einfach weg. Verwandle sie lieber in Monster! Du musst sie nur ausstopfen und lustige Gesichter draufnähen, um eine ganze Reihe verrückter Wesen zu erschaffen. Das ist ein gutes Anfängerprojekt, da die Näharbeit sehr leicht ist und kleine Kinderhände viel Spaß beim Sockenausstopfen haben werden.

Das brauchst du:

Socke
Schere
Strickwolle und Stricknadel
mit großem Nadelöhr
Füllwatte
Filzreste
Nähnadel und Faden
Knöpfe

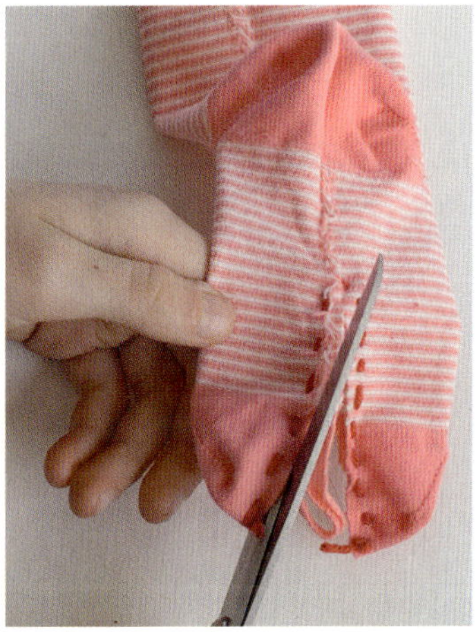

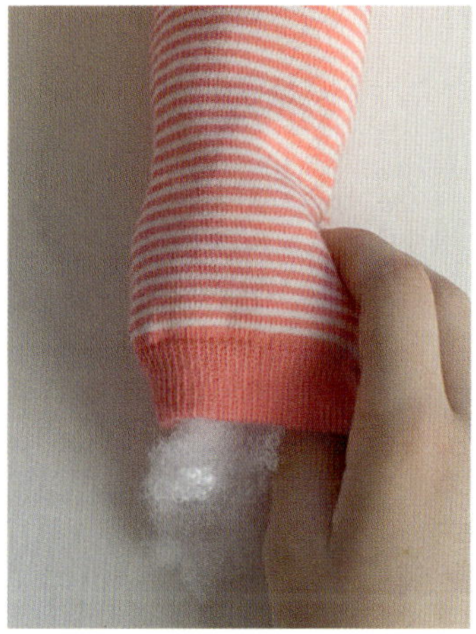

1. Drehe die Socke auf links, damit dein Monster Ohren bekommt. Schneide eine Stück Strickwolle ab und mache einen Knoten an ein Ende. Fädle die Wolle in die Stricknadel ein und nähe mit Vorstichen (siehe Seite 116) vom oberen Ende der Socke 5 cm nach unten und dann wieder nach oben. Lasse dabei einen Abstand von 1 cm zwischen den beiden Nähten. Mache am Ende einen weiteren Knoten und schneide die Wolle ab.

2. Schneide die Socke zwischen den beiden Nähten aus. Sei vorsichtig und schneide nicht in die Naht. Drehe die Socke wieder auf rechts und schiebe die Ohren hinaus.

3. Fülle die Socke mit Füllwatte (siehe Seite 115), stopfe die Füllwatte bis in die Ohren oder in die Sockenspitze, wenn dein Monster keine Ohren hat. Mache einen Knoten an ein Ende der Wolle und nähe die Socke mit Vorstichen zu. Mache am Ende einen weiteren Knoten und schneide die Wolle ab.

4. Für einen lustigen Mund drückst du die Ferse der Socke zusammen, sodass sie wie ein zusammengekniffener Mund aussieht. Nähe sie mit Vorstichen zusammen, beginne und beende die Naht mit einem Knoten und schneide den Faden ab. Nähe bunte Knöpfe als Augen auf dein Monster (siehe Seite 118).

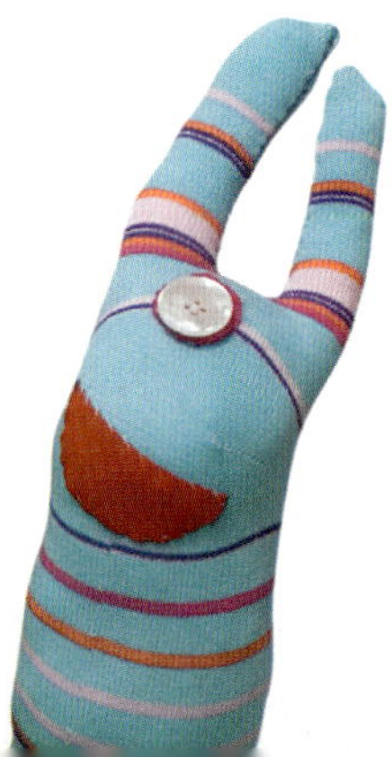

Fingerpuppen

Mit diesen Fingerpuppen aus Filz erschaffst du deinen eigenen Bauernhof. Mit den Vorlagen im Anhang kannst du Schweine, Pferde, Hühner, Schafe, Kühe und Enten nähen. Oder du fügst der Grundform eigene Züge hinzu für ganz andere Figuren. Tob dich mit Dschungeltieren aus oder entwirf deine eigenen Außerirdischen. Deiner Fantasie sind keine Grenzen gesetzt!

Das brauchst du:

Papier und Bleistift für die Schablonen
Schere
Filz in unterschiedlichen Farben
Stecknadeln
Zackenschere
Nähnadel und Faden

1. Verwende die Vorlage auf Seite 122 nach der Anleitung auf Seite 116 und schneide eine Papierschablone für den Puppenkörper aus. Falte ein Stück Filz in der Mitte und stecke die Schablone darauf fest. So erhältst du zwei Körperformen. Schneide die Form mit der Schere aus, aber verwende für den unteren Rand des Schafes eine Zackenschere. Entferne anschließend Stecknadeln und Schablone.

2. Schneide die weiteren Schablonen, die du für die Puppen brauchst, z. B. Schnabel oder Mähne, nach den Vorlagen aus. Verwende die Zackenschere für das Gesicht des Schafes. Du kannst die Schablone dazu auf den Filz stecken oder um sie herum zeichnen. Schneide ein Stück Faden ab und mache einen Knoten. Fädle den Faden ein und nähe mit kleinen Stichen den spitzen Schnabel auf das Huhn, den runden Schnabel und die Füße auf die Ente, die Flecken auf die Kuh oder die Mähne auf das Pferd. Mache am Ende einen Knoten auf die Rückseite des Filzes. Nähe Nasen auf Kuh, Schwein und Pferd und das Gesicht auf das Schaf.

3. Für die Augen verwendest du den französischen Knötchenstich (siehe Seite 118). Beginne und beende die Naht mit einem Knoten auf der Rückseite des Filzes. Auch für die Nasenlöcher bei Pferd, Schwein und Kuh verwendest du den Knötchenstich.

4. Lege die Ohren bei Pferd, Kuh oder Schaf unter das Vorderteil der Puppe. Mache dasselbe mit dem Hühnerkamm (das rote Stück). Stecke die Vorderseite der Puppe auf das Rückenteil. Achte darauf, dass die Ohren (oder der Kamm) richtig liegen. Nähe von hinten mit Vorstichen (siehe Seite 118) um die Puppe herum, lasse den unteren Teil offen. Mache einen Knoten in den Faden und schneide den Faden ab. Entferne die Stecknadeln. Beim Schwein nähst du die Ohren mit kleinen Stichen auf und fixierst den Faden mit Knoten.

Löffelpuppen

Löffelpuppen sind so einfach, dass sich schon kleine Hände daran versuchen können. Du kannst Gesichter auf Holzlöffel oder Holzspachtel malen und mit einfachem Vorstich Kleidung aus Stoffresten nähen. Mit vielen verschiedenen Figuren kannst du deine Lieblingsgeschichten als Puppentheater aufführen.

Das brauchst du:

Holzlöffel oder -spachtel
Filzstifte
Stoffreste
Zackenschere
Schere
Strickwolle und Stricknadel mit großem Nadelöhr
Wollreste
Bastelkleber
Bänder und Knöpfe als Dekoration

1. Male mit Filzstift ein Gesicht auf die Rückseite eines Holzlöffels oder -spachtels.

2. Schneide mit der Zackenschere ein etwa 30 cm x 13 cm großes Stück Stoff aus. Schneide mit der Schere einen Wollfaden ab und fädle ihn in die Stricknadel. Nähe mit Vorstichen (siehe Seite 116) am oberen Rand des Stoffes entlang und lasse an jedem Ende etwa 10 cm Faden überstehen. Hebe den Stoff am Faden hoch und binde ihn mit einem Knoten oder einer Schleife um den Löffel.

3. Schneide für die Haare der Puppen die Wollreste auf unterschiedliche Längen. Verteile etwas Bastelkleber auf den Löffel und klebe die Wolle fest.

4. Du kannst deine Puppe auf viele Arten schmücken. Binde ihr Schleifen ins Haar, Bänder um den Hals oder mache aus Filz Knöpfe, die du mit Kreuzstichen (siehe Seite 117) auf den Stoff nähst. Du kannst auch Stoff in Form einer Krawatte ausschneiden und auf die Puppe kleben.

Kapitel 2

Hübsches Spielzeug

Mäuse und Fliegenpilz

Minimäuse zum Liebhaben: Erschaffe dir eine Mäusefamilie und baue ihr aus einer Schachtel und Stoffresten ein hübsches Häuschen. Durch den Fliegenpilz wirkt es ganz so, als sei man in einem Wald. In den Stiel kannst du getrocknete Linsen füllen, damit er besser steht.

Das brauchst du:

Papier und Bleistift für die Papierschablonen
Schere
Filz in Grau und Rosa
Stecknadeln
Nähnadel und Faden
Füllwatte
Stickgarn und Sticknadel
Stoffreste für das Kleid

Die Maus

1. Verwende die Vorlagen auf Seite 123 nach der Anleitung auf Seite 116, um Papierschablonen für Körper, Fuß und Ohren auszuschneiden. Falte den Filz in der Mitte, stecke die Schab-lone für den Mäusekörper mit der gestrichelten Linie auf dem Falz des Filzes fest (siehe Seite 116) und schneide ihn aus. Entferne Stecknadeln und Schablone. Stecke die Schablone für den Fuß auf den nicht gefalteten Filz und schneide ihn aus. Entferne Stecknadeln und Schablone.

2. Schneide einen Faden ab und fädle ihn ein. Falte den Mäusekörper und nähe die langen Seiten mit Überwendlichstichen (siehe Seite 117) zusammen, beginne und beende die Naht mit ein paar kleinen Stichen. Lass den unteren Teil des Filzes offen.

3. Nähe den Filzfuß mit Überwendlichstichen an den Körper und lasse eine kleine Öffnung für die Füllung, beginne anschließend die Naht mit ein paar kleinen Stichen.

4. Stopfe kleine Stücke Füllwatte bis in die Nase der Maus (siehe Seite 115). Wenn die Maus zu ¾ gefüllt ist, fülle den Rest mit Linsen und nähe dann den Fuß an, beende die Naht mit ein paar kleinen Stichen und schneide den Faden ab.

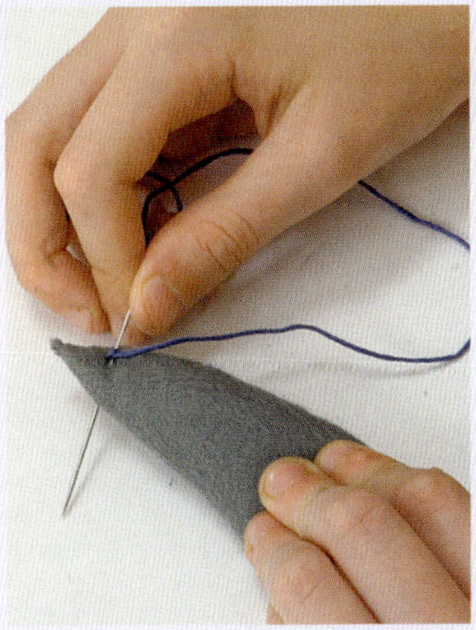

5. Schneide eine Länge Stickgarn ab und mache einen Knoten an ein Ende. Fädle den Faden ein. Stecke die Nadel von der Rückseite des Mäusekopfes nach vorne durch, sodass die Nadel an der richtigen Stelle für ein Auge herauskommt. Nähe ein französisches Knötchen (siehe Seite 118), führe den Faden nach hinten und nähe ein weiteres Knötchen für das andere Auge. Mache am Ende einen Knoten und schneide den Faden ab.

6. Stecke die Schablone für die Ohren auf den rosa Filz. Schneide sie aus. Entferne Stecknadeln und Schablone. Nähe mit Nähnadel und Faden ein paar kleine Stiche auf die Rückseite des Mäusekopfes. Nähe durch die Ohren und zurück durch die Maus. Wiederhole dies ein paar Mal, damit die Ohren halten. Mache am Ende ein paar kleine Stiche. Schneide den Faden ab.

7. Für das Kleid brauchst du ein etwa 13 cm x 4 cm großes Stück Stoff. Nähe mit Stickgarn entlang einer der langen Seiten des Kleides mit Vorstichen (siehe Seite 116). Lasse an beiden Enden etwas Stickgarn übrig. Entferne die Nadel und binde das Kleid an die Maus. Schneide die Garnenden ab, wenn sie zu lang sind.

Der Fliegenpilz

Das brauchst du zusätzlich:

Roten und weißen Filz
Teelöffel
Getrocknete Linsen

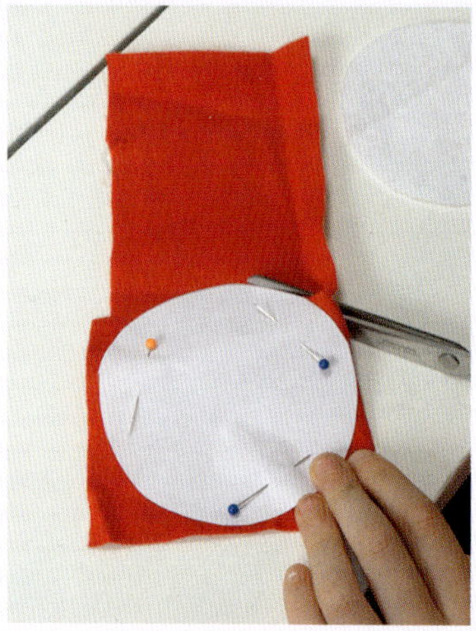

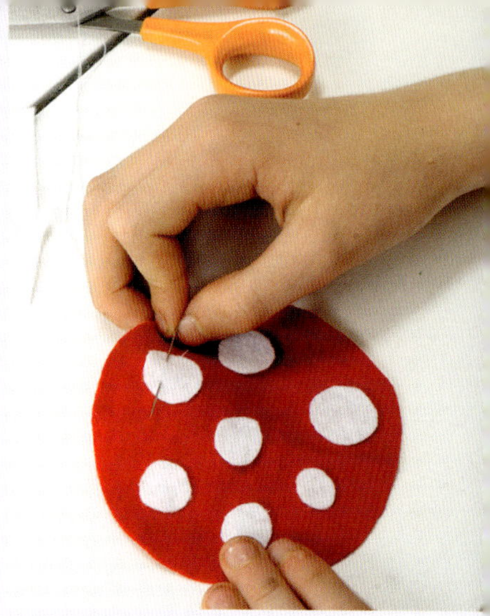

1. Verwende die Vorlagen auf Seite 126 nach der Anleitung auf Seite 116, um Papierschablonen für Oberteil, Stiel und Fuß des Fliegenpilzes auszuschneiden. Stecke die Schablone für das Oberteil auf roten Filz und schneide es aus. Dann stecke es auf weißen Filz und schneide auch das aus. Stecke die Schablonen für Stiel und Fuß auf weißen Filz und schneide sie aus. Entferne Stecknadeln und Schablonen.

2. Schneide ein paar kleine Kreise aus weißem Filz. Sie müssen nicht vollkommen rund sein. Verteile sie auf dem roten Oberteil des Fliegenpilzes. Nähe die Filzpunkte mit Nähnadel und Faden mit Vorstichen oder Überwendlichstichen fest und beginne und beende die Naht mit ein paar Stichen auf der Rückseite des roten Filzes. Schneide den Faden ab.

Tipp:

Bei der Mäusefamilie können die Jungen Hemd und Fliege tragen. Du nimmst eine kleine Schleife aus Stoff und nähst sie an den Hals. Wenn du nun ein oder zwei kleine Knöpfe auf die Vorderseite nähst, wirkt es wie ein Hemd. Du kannst auch größere Mäuse machen. Dazu kopierst du die Vorlagen auf Seite 123 auf die Größe, die du dir vorstellst und gehst wieder genau nach der Anleitung vor.

3. Stecke das gefleckte rote Oberteil auf das weiße Filzoberteil. Mache ein paar kleine Stiche und nähe sie mit Nähnadel und Faden und mit Überwendlichstichen entlang der Kante zusammen. Lasse eine etwa 3 cm große Öffnung und fülle das Oberteil mit Füllwatte. Nähe die Öffnung zu und mache am Schluss ein paar kleine Stiche. Schneide den Faden ab und entferne die Stecknadeln.

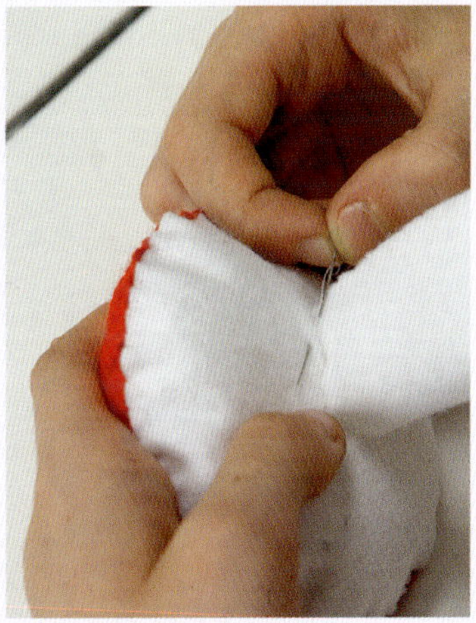

4. Nimm das Filzstück für den Stiel und falte es der Länge nach in der Mitte. Nähe die beiden langen Enden mit Überwendlichstichen zusammen und beginne und beende die Naht mit ein paar kleinen Stichen. Mache kleine, enge Stiche, damit die Linsen nicht herausfallen können (siehe Schritt 6).

5. Drücke den Stiel so auseinander, dass er wie ein Rohr aussieht. Nähe ein Ende des Stiels mit Überwendlichstichen an der Unterseite des Oberteils des Fliegenpilzes in die Mitte, beginne und beende die Naht mit ein paar kleinen Stichen. Schneide anschließend den Faden ab.

6. Fülle den Stiel etwa zur Hälfte mit Füllwatte. Nähe den Fuß mit Überwendlichstichen zur Hälfte an das offene Ende des Stiels. Fülle dann den Stiel mithilfe des Löffels mit getrockneten Linsen, bis er voll ist. Nähe den Fuß vollstandig an den Stiel und be ende die Naht mit ein paar kleinen Stichen. Schneide den Faden ab.

Stoffpuppen

Diese niedlichen Puppen sind einfach herzustellen, benötigen aber Zeit und Geduld. Daher sind sie vielleicht eher für etwas ältere Kinder geeignet. Du benötigst Filz in Hauttönen und dazu passendes Stickgarn, um eine Puppe zu nähen, die dich über Jahre treu begleiten wird. Mit den hübschen Kleidungsstücken auf Seite 34 sieht deine Puppe immer wie neu aus.

Das brauchst du:

Papier und Bleistift für die Papierschablonen
Schere
Filz für Körper, Arme und Beine
Stecknadeln
Stickgarn und Sticknadel
Füllwatte
Filz in einer anderen Farbe für das Haar
Filzreste für Augen und Mund
Bastelkleber

1. Verwende die Vorlagen auf Seite 125 nach der Anleitung auf Seite 116, um Papierschablonen für Körper, Arme, Beine sowie Vorder- und Rückseite der Haare auszuschneiden. Lege die Schablonen für die Haare zur Seite. Falte den Filz für Körper, Arme und Beine. Lege die Schablonen so darauf, dass die gestrichelten Linien der Schablonen auf dem Falz liegen (siehe Seite 116), stecke sie fest und schneide sie aus. Du brauchst je zwei Teile für Körper, Arme und Beine. Entferne Stecknadeln und Schablonen.

2. Stecke die beiden Teile für den Körper zusammen. Schneide eine Länge Stickgarn ab und mache einen Knoten an ein Ende. Fädle das Garn ein. Nähe mit Überwendlichstichen (siehe Seite 117) entlang der Kanten einmal herum und lasse das untere Ende offen. Mache auf der Seite, auf der du angefangen hast, einen Knoten und schneide den Faden ab. Entferne die Stecknadeln und lege den Körper zur Seite.

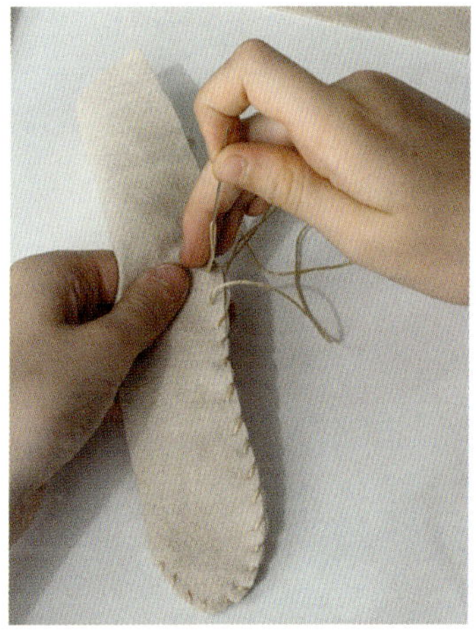

3. Nimm ein Teil für ein Bein und falte es in der Mitte. Steck es zusammen. Mache einen Knoten an ein Ende des Stickgarns und nähe mit Überwendlichstichen den Fuß und das Bein entlang, lasse das obere Ende offen. Mache einen Knoten auf derselben Seite. Entferne die Stecknadeln. So nähst du anschließend auch das zweite Bein und die Arme.

4. Fülle Körper, Arme und Beine vollständig mit Füllwatte (siehe Seite 115).

5. Lege die oberen Enden der Beine in den unteren Rand des Körpers und stecke sie fest. Mache einen Knoten an ein Ende des Fadens und nähe die Beine von der Rückseite der Puppe aus mit Vorstichen (siehe Seite 116) fest. Mache einen Knoten auf der Rückseite. Entferne die Stecknadeln.

6. Nimm die Arme und nähe sie mit Überwendlichstichen am oberen Ende zusammen, beginne und beende die Naht mit einem Knoten. Nähe die Arme mit Überwendlichstichen auf den Körper und beginne und beende die Naht mit Knoten.

7. Schneide mit den Schablonen aus Schritt 1 Vorder- und Rückseite der Haare aus dem Filz. Nähe die Teile mit Überwendlichstichen zusammen und beginne und beende die Naht mit Knoten. Setze die Haare auf den Kopf und nähe sie mit wenigen kleinen Stichen oben auf dem Kopf fest.

Schneide nun Punkte für die Augen und einen Mund aus Filz aus und nähe oder klebe sie auf das Gesicht. Wenn du möchtest, kannst du außerdem eine Haarschleife oder ein Blümchen annähen oder -kleben.

Tipp:

Verwende nicht zu viel Füllwatte für Körper, Arme und Beine, die Nähte könnten aufreißen. Verwende kleine Stücke Füllwatte und fülle die Filzformen locker. Lasse am unteren Ende des Körpers und am oberen Ende der Arme und Beine ein wenig mehr Platz, so kannst du die Teile leichter zunähen.

Puppenkleider

Nachdem du dir eine Puppe genäht hast, musst du sie jetzt auch anziehen. Nähe ihr einen hübschen Rock, ein Oberteil und eine modische Jacke, dazu ein süßes Paar Schuhe. Du kannst ihr auch aus Stoffresten ein kleines Täschchen und ein Kopftuch nähen, deine Puppe wird begeistert sein.

Das brauchst du:

Stoff für das Oberteil
Zackenschere
Stecknadeln
Nähnadel und Faden
Schere
Borte oder Zackenlitze
Ein kleines Stück Klettband
Sicherheitsnadel
Stoff für den Rock
Band für den Rock, etwa 30 cm lang
Papier und Bleistift für die Papierschablonen für Mantel und Schuhe
Filz für die Jacke
Filz für die Schuhe
2 Knöpfe
Kleine Schere

1. Schneide für das Oberteil ein 13 cm 26 cm großes Stoffstück mit der Zackenschere aus. Falte die beiden kurzen Ränder etwa 1 cm nach innen und stecke sie fest. Fädle den Faden ein und nähe mit Vorstichen den Rand entlang, beginne und beende die Naht mit einigen kleinen Stichen. Schneide den Faden ab und entferne die Stecknadeln.

2. Falte den oberen Rand des Stoffes nach innen. Stecke ihn fest und nähe mit Vorstichen wie oben den Rand entlang. Du kannst eine Borte oder Zackenlitze auf den Rand nähen, wenn du möchtest. Beginne und beende die Naht mit einigen kleinen Stichen. Schneide den Faden ab und entferne die Stecknadeln.

3. Öffne das Klettband und nähe einen Teil auf die eine Seite des Stoffstücks (in die linke obere Ecke) und den anderen Teil auf die Innenseite des Stoffstücks (in die rechte obere Ecke), beginne und beende die Naht mit je einem Knoten auf der Innenseite des Stoffes. Binde das Oberteil um die Puppe und schließe es auf der Rückseite mit dem Klettband.

4. Schneide für den Rock ein 54 cm x 19 cm großes Stoffstück mit der Zackenschere aus. Falte die kurzen Enden etwa 1 cm nach innen und nähe mit Vorstichen am Rand entlang wie in Schritt 1 beschrieben.

5. Falte das obere Ende des Stoffes etwa 2 cm nach innen und nähe mit Vorstichen am Rand entlang wie in Schritt 2.

6. Befestige die Sicherheitsnadel an einem Ende des Bandes. Ziehe die Sicherheitsnadel und das Band durch den oberen Teil zwischen Naht und Falz. Entferne die Sicherheitsnadel. Binde das Band um die Taille der Puppe und mache eine Schleife auf der Rückseite.

7. Verwende die Vorlage auf Seite 125 nach der Anleitung auf Seite 116, um eine Papierschablone für die Jacke auszuschneiden. Falte den Filz in der Mitte. Stecke die Schablone so auf den Filz, dass die Schultern an dem Falz anliegen (siehe Seite 116). So sind Vorder- und Rückseite der Jacke an den Schultern verbunden. Schneide sie mit der Schere aus. Entferne Stecknadeln und Schablone. Schneide die Vorderseite der Jacke nach der Vorlage in der Mitte auf.

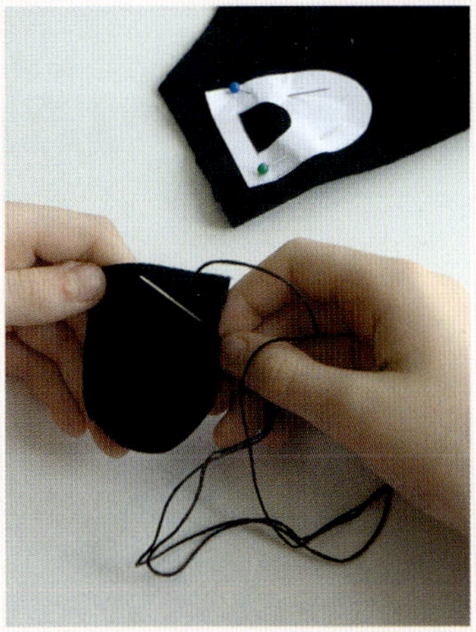

8. Falte die Jacke entlang der Schultern und stecke die Arme und die Seiten zusammen. Fädle den Faden ein und nähe sie mit Überwendlichstichen (siehe Seite 117) zusammen, beginne und beende die Naht mit einigen kleinen Stichen. Schneide den Faden ab und entferne die Nadeln.

9. Für einen Kragen faltest du ein kleines Stück des Filzes am Halsausschnitt nach außen. Fixiere den Kragen mit ein paar kleinen Stichen an den Enden. Schneide den Faden ab. Nähe die Knöpfe an (siehe Seite 118).

10. Verwende die Vorlagen auf Seite 125, um Papierschablonen für die Schuhe auszuschneiden. Stecke sie auf den Filz und schneide sie aus. Für die Aussparung in der Oberseite der Schuhe verwendest du am besten die kleine Schere. Du brauchst je zwei Filzstücke für die Oberteile und für die Sohlen. Entferne Stecknadeln und Schablonen. Stecke jedes Filzoberteil auf ein Filzunterteil und nähe mit Überwendlichstichen die Ränder entlang, spare dabei oben eine Öffnung aus. Beginne und beende die Naht mit einigen kleinen Stichen. Schneide den Faden ab. Entferne die Stecknadeln. Jetzt ist die Kleidung für deine Puppe fertig!

Tipp:

Schneide ein Stoffdreieck aus, das so groß ist, dass es um den Kopf deiner Puppe passt. Damit hast du ein niedliches Kopftuch. Eine Umhängetasche kannst du ganz einfach aus einem 10 cm x 6 cm großen Stoffstück machen: Falte den Stoff der Länge nach in der Mitte und nähe mit Vorstichen beide Seiten entlang. Zum Schluss nähst du ein 23 cm langes Band auf beiden Seiten als Griff fest. Nähe Perlen und Pailletten auf die Tasche und mache dazu passende Schuhe. Schon ist deine Puppe ausgehfertig.

Puppenbettwäsche

Mache es deinen Puppen und Stofftieren in dieser hübschen Bettwäsche gemütlich. Suche zwei verschiedene Stoffe aus, oder entscheide dich für die einfachere Version ohne Saum. Dann brauchst du nur einen Stoff und auch keine Zackenlitze. Verwende leichte, weiche Füllwatte, damit deine Tiere und Puppen auch gut schlafen. Wenn du keine Füllwatte hast, kannst du auch alte T-Shirts in Streifen schneiden und als Füllmaterial verwenden.

Das brauchst du:

Bleistift
2 Stücke Stoff
Lineal
Schere
Stecknadeln
Nähnadel und -faden
Zackenlitze oder Zierband
Volumenvlies
Füllwatte

1. Für den Bettbezug zeichnest du mit Bleistift und Lineal ein 42 cm x 36 cm großes Rechteck auf ein Stück Stoff und ein weiteres 42 cm x 12 cm großes Rechteck auf ein zweites Stück Stoff. Schneide die Rechtecke aus. Stecke das Stück für den Saum auf das größere Stück Stoff, die Vorderseiten zeigen zueinander. Schneide ein Stück Faden ab und fädle ihn ein. Beginne und beende die Naht mit ein paar kleinen Stichen und nähe die Ränder mit Rück-stichen (siehe Seite 116) zusammen. Schneide den Faden ab und entferne die Stecknadeln.

2. Drehe den Stoff auf rechts und lege ihn flach auf den Tisch. Schneide ein etwa 43 cm langes Stück Zackenlitze ab und stecke sie an der Verbindungsnaht der beiden Stoffstücke entlang fest. Nähe die Zackenlitze mit Vorstichen (siehe Seite 116) fest, beginne und beende die Naht mit ein paar kleinen Stichen. Schneide den Faden ab und entferne die Stecknadeln.

3. Zeichne mit Bleistift und Lineal ein 46 cm x 42 cm großes Rechteck auf den Stoff, den du für den Saum verwendet hast und schneide es aus. Stecke es auf das Rechteck mit der Zackenlitze, die Vorderseiten zeigen dabei zueinander. Nähe sie mit Rückstichen an den Seiten und am oberen Ende entlang zusammen, beginne und beende die Naht mit ein paar kleinen Stichen. Lasse das untere Ende offen. Schneide den Faden ab und entferne die Stecknadeln.

4. Drehe den Bezug nach außen. Zeichne mit Bleistift und Lineal ein 44 cm x 40 cm großes Rechteck auf das Volumenvlies und schneide es aus. Lege das Volumenvlies so in den Bezug, dass es bis in die Ecken reicht. Falte die Schnittkanten des Stoffes etwa 1 cm nach innen und stecke die Kanten zusammen. Nähe mit Überwendlichstichen (siehe Seite 117) die Kante entlang, beginne und beende die Naht mit ein paar Stichen. Entferne die Stecknadeln. Schneide den Faden ab.

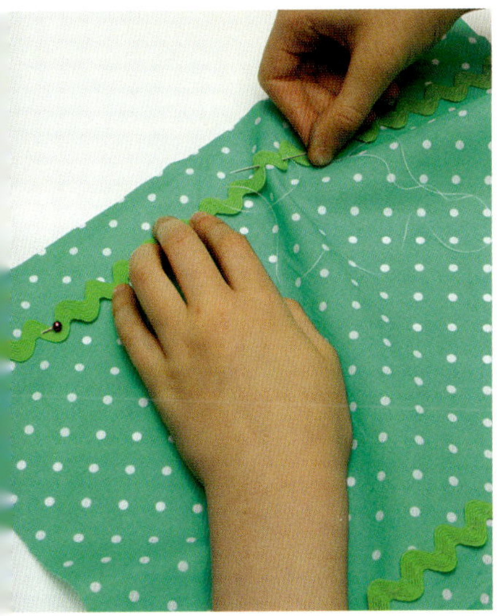

5. Für das Kissen zeichnest du mit Bleistift und Lineal ein 33 cm x 25 cm großes Rechteck auf ein Stück des gleichen Stoffes, aus dem du das kleinere Rechteck in Schritt 1 geschnitten hast. Schneide zwei Stücke Zackenlitze ab, die etwas länger als 25 cm sind, und stecke sie auf der Vorderseite des Stoffes entlang der kurzen Seiten etwa 5 cm vom Rand entfernt fest. Nähe die Zackenlitze mit Vorstichen (siehe Seite 116) fest, beginne und beende die Naht mit ein paar Stichen. Schneide den Faden ab und entferne die Stecknadeln.

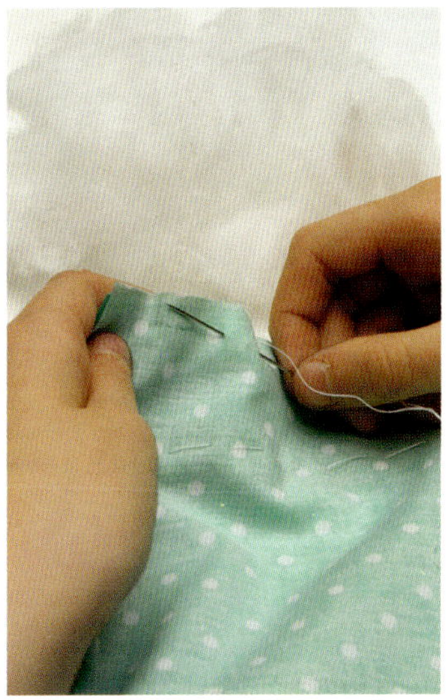

6. Falte den Stoff in der Mitte, die Vorderseiten zeigen zueinander, und stecke ihn zusammen. Nähe mit Rückstichen den Rand entlang, beginne und beende die Naht mit ein paar Stichen. Lasse eine kleine Öffnung von etwa 5 cm. Entferne Nadel und Sticknadeln. Drehe den Stoff auf rechts und fülle den Bezug mit Füllwatte (siehe Seite 115). Fädle den Faden wieder ein und schließe die Öffnung mithilfe des Überwendlichstichs, beginne und beende die Naht mit ein paar Stichen. Schneide den Faden ab.

Teeservice aus Stoff

Möchte jemand einen Tee? Es macht viel Spaß, diese einfache Idee auszuführen und genauso viel Spaß, damit zu spielen. Nähe ein paar Tassen und lade deine Freunde (oder deine Stofftiere!) ein, schon habt ihr eine tolle Teegesellschaft. Du kannst ein ganzes Service anfertigen, indem du Teekanne und -tassen aus dem gleichen Stoff machst, oder einfach verschiedene Stoffreste für ein Flohmarktset verwenden. It's teatime!

Das brauchst du:

Bleistift
Lineal
Stoff
Schere
Papier
Stecknadeln
Nähnadel und Faden
Füllwatte
Zirkel
Filz in Weiß und Hellbraun
Watte
Stickgarn und -nadel

1. Für die Teekanne zeichnest du mit Bleistift und Lineal ein 40 cm x 23 cm großes Rechteck auf ein Stück Papier und schneidest es aus. Stecke die Schablone auf ein Stück Stoff und schneide es aus. Entferne Stecknadeln und Schablone. Wiederhole dies für die Teetassen mit einem 23 cm x 11 cm großen Rechteck als Schablone.

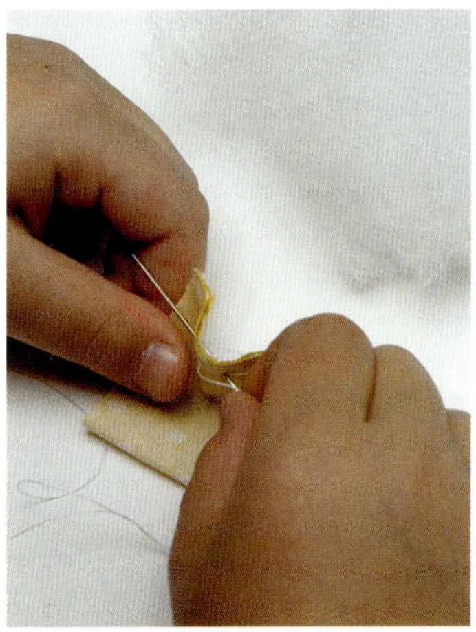

2. Verwende die Vorlagen auf Seite 126 nach der Anleitung auf Seite 116, um eine Schablone für die Tülle der Kanne auszuschneiden. Falte ein Stück Stoff in der Mitte und stecke die Schablone darauf fest, mit der gestrichelten Linie auf dem Falz (siehe Seite 116). Schneide die Tülle aus. Entferne Stecknadeln und Schablone. Schneide einen Faden ab und fädle ihn ein. Falte die Tülle und stecke die kurzen Enden so zusammen, dass die Vorderseiten zueinander zeigen. Nähe mit Rückstichen (siehe Seite 116) entlang der beiden kurzen Seiten und der offenen langen Seite. Beginne und beende die Naht mit ein paar kleinen Stichen. Schneide den Faden ab.

3. Nimm das Stück Stoff für die Kanne und lege es mit der Vorderseite nach oben flach auf den Tisch. Stecke die Tülle in der Mitte einer der beiden kurzen Seiten fest, die Schnittkanten liegen aufeinander. Falte den Stoff in der Mitte und stecke die kurzen Seiten zusammen. Beginne die Naht mit ein paar Stichen und füge die beiden kurzen Seiten mit Rückstichen zusammen, dabei nähst du auch durch die Tülle. Beende die Naht mit ein paar kleinen Stichen. Schneide den Faden ab und entferne die Stecknadeln. So nähst du auch die kurzen Enden der Teetassen zusammen, nur ohne Tülle.

4. Drehe die Teekanne und die -tassen nach außen. Nähe entlang einer Seite der beiden Teile mit Vorstichen (siehe Seite 116), beginne die Naht mit ein paar kleinen Stichen. Ziehe den Stoff am Faden zusammen und beende die Naht anschließend wieder mit ein paar kleinen Stichen.

5. **5.** Stopfe so viel Füllwatte in die Teekanne, bis sie schön rund ist. Ziehe den Stoff am offenen Ende so zusammen wie in Schritt 4. Verfahre mit der Tasse dann genauso.

6. Stelle den Zirkel auf 4,5 cm und zeichne für den Deckel der Teekanne einen Kreis auf Papier. Stelle den Zirkel auf 3 cm und zeichne einen weiteren Kreis für den Boden der Teekanne. Schneide beide aus und stecke sie auf ein Stück weißen Filz. Schneide die Kreise aus. Entferne Schablonen und Stecknadeln. Nähe den größeren Kreis mit Vorstichen oben und den kleineren unten auf die Teekanne, beginne und beende die Naht mit ein paar kleinen Stichen. Schneide den Faden ab. Verwende die kleinere Schablone, um einen weißen und einen hellbraunen Filzkreis auszuschneiden. Nähe den hellbraunen Kreis oben und den weißen Kreis unten mit Vorstichen auf die Tasse. Beginne und beende die Naht mit ein paar kleinen Stichen.

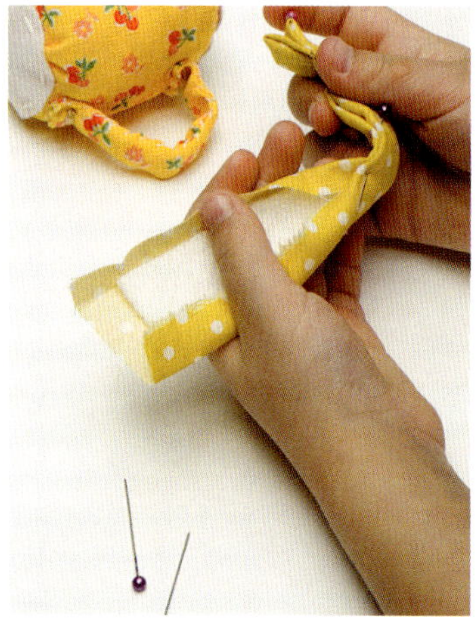

7. Schneide für den Henkel der Teekanne ein 6 cm x 18 cm großes Stück Stoff und ein 3 cm x 15 cm großes Stück Watte zurecht. Lege die Watte in die Mitte des Stoffes und schlage Ränder und Enden des Stoffes ein. Falte das Ganze der Länge nach in der Mitte und stecke es zusammen. Nähe mit Vorstichen durch alle Lagen, beginne und beende die Naht mit ein paar Stichen. Nähe den Henkel mit ein paar Stichen so an der Teekanne fest, dass er gut hält. Schneide den Faden ab. Entferne anschließend die Stecknadeln. Dasselbe machst du bei den Henkeln der Tassen, verwende dazu ein 10 cm x 5 cm großes Stück Stoff und ein 7 cm x 2 cm großes Stück Watte.

8. Für den Knopf auf dem Deckel der Teekanne stellst du den Zirkel auf 4,5 cm und zeichnest einen Kreis auf Papier. Schneide den Kreis aus, stecke ihn auf ein Stück Stoff und schneide ihn aus. Entferne Stecknadeln und Schablone. Nähe mit Vorstichen einmal den Rand entlang, beginne und beende die Naht mit ein paar kleinen Stichen. Ziehe den Stoff mit dem Faden zusammen und stecke ein Stück Füllwatte in die Mitte. Beende die Naht mit ein paar Stichen und schneide den Faden ab. Nähe den Knopf mit ein paar kleinen Stichen auf die Teekanne.

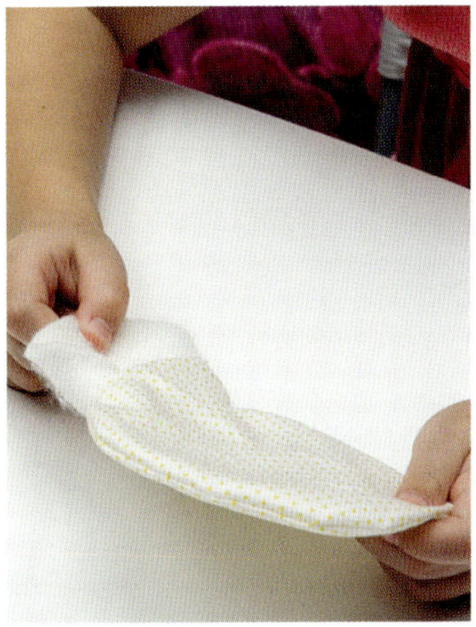

9. Für die Untertasse stellst du den Zirkel auf 8 cm und zeichnest einen Kreis auf Papier. Schneide den Kreis aus. Falte ein Stück Stoff in der Mitte und stecke den Kreis darauf fest. Schneide ihn aus. Entferne Stecknadeln und Schablone. Beginne die Naht mit ein paar kleinen Stichen und nähe die Stoffstücke mit Rückstichen zusammen, sodass die Vorderseiten zueinander zeigen. Lasse dabei eine kleine Öffnung von 5 cm.

10. Entferne die Nadel. Drehe den Stoffkreis nach außen. Stelle den Zirkel auf 7 cm und zeichne einen Kreis auf Papier. Stecke den Papierkreis auf ein Stück Watte und schneide ihn aus. Entferne die Stecknadeln. Stecke den Wattekreis ganz flach in die Untertasse. Fädle den Faden wieder ein und nähe die Öffnung zu, beende die Naht mit ein paar kleinen Stichen.

11. Schneide eine Länge Stickgarn ab und mache einen Knoten in ein Ende. Fädle das Garn ein. Nähe von der Unterseite der Untertasse aus mit Vorstichen einen Kreis als Vertiefung für die Teetasse. Mache am Ende einen Knoten auf der Unterseite und schneide den Faden ab.

12. Verwende die Vorlagen auf Seite 126 nach der Anleitung auf Seite 116, um eine Papierschablone für die Löffelschale und den Stiel auszuschneiden. Falte weißen Filz in der Mitte und stecke die Schablone für die Löffelschale darauf fest. Schneide sie aus. Entferne Stecknadeln und Schablone. Stecke die beiden Filzteile zusammen. Stecke die Schablone für den Stiel auf Stoff und schneide sie aus. Entferne Stecknadeln und Schablone. Schlage die Ränder des Stiels ein und falte sie um die Löffelschale. Stecke Löffelschale und Stiel zusammen. Beginne die Naht mit einem Knoten auf der Unterseite des Löffels und nähe beides mit Vorstichen zusammen. Beende die Naht mit einem Knoten auf derselben Seite. Gieße dir Tee ein!

Törtchen aus Filz

Diese leckeren Kuchen sehen so gut aus, dass man gleich hineinbeißen möchte. Suche Filz in hübschen Pastelltönen und dekoriere die Törtchen mit Stickgarn. Oder nimm braunen Filz für leckere Schokotörtchen und nähe eine Zackenlitze als köstliche Cremefüllung drumherum!

Das brauchst du:

Papier und Bleistift für die Papierschablonen
Schere
Stecknadeln
Filz in Brauntönen und Pastellfarben und ein leuchtendes Rot für die Kirsche
Stickgarn in den gleichen Farben und eine Sticknadel
Füllwatte

1. Verwende die Vorlagen auf Seite 121 nach der Anleitung auf Seite 116, um Papierschablonen für Oberteil und Unterteil des Törtchens, die Glasur und die Kirsche auszuschneiden. Stecke den großen Kreis auf pastellfarbenen Filz, den mittelgroßen auf braunen oder beigen Filz und die Glasurform auf weißen oder pastellfarbenen Filz und schneide sie aus. Entferne Stecknadeln und Schablonen.

2. Stecke die Glasurform auf das Oberteil des Törtchens. Schneide ein Stück Stickgarn ab und mache an ein Ende einen Knoten. Fädle den Faden ein. Nähe von der Rückseite des Stoffes mit Vorstichen einmal um die Glasur herum, um die beiden Teile zu verbinden. Beende die Naht mit einem Knoten auf der Rückseite des Filzes. Entferne anschließend die Nadeln.

3. Lege die beiden Filzteile in die Mitte des größten Filzkreises. Mache einen Knoten in das Garn und nähe mit Vorstichen wie in Schritt 2 am Rand des Oberteils des Törtchens entlang. Nähe mit großen Stichen und lasse eine etwa 2,5 cm große Öffnung für die Füllwatte.

4. Nimm kleine Stücke Füllwatte und stopfe sie vorsichtig durch die Öffnung in das Törtchen (siehe Seite 115). Nimm genug, damit das Törtchen auch schön rund wird. Wenn das Törtchen gefüllt ist, nähe mit Vorstichen die Öffnung zu und beende die Naht mit einem Knoten an der Unterseite des Stoffes.

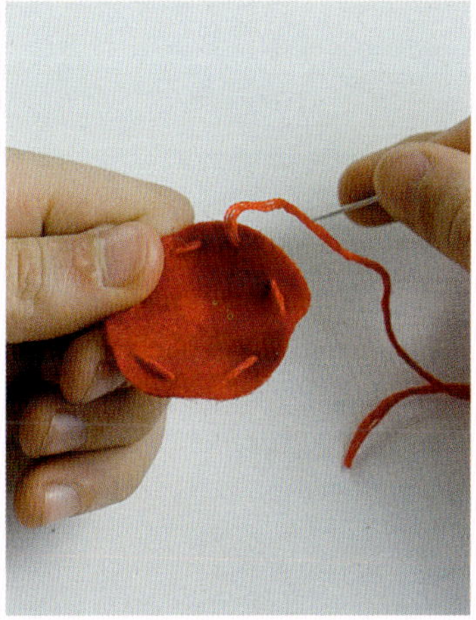

5. Stecke die Papierschablone der Kirsche auf den roten Filz und schneide sie aus. Entferne Stecknadeln und Schablone. Schneide ein Stück Stickgarn ab, mache einen Knoten in ein Ende und fädle den Faden ein. Nähe mit Vorstichen um den Rand des Filzes.

6. Ziehe die Kirsche mit dem Faden vorsichtig zusammen und fülle sie mit Füllwatte. Ziehe etwas stärker am Faden und fixiere ihn mit ein paar Stichen. Nähe die Kirsche auf das Törtchen und beende die Naht mit einem Knoten oder ein paar Stichen. Schneide den Faden ab.

Abwandlung:

Warum nicht einfach nach der Vorlage auf Seite 121 einen köstlichen Zuckergusskuchen machen? Kleine Stiche mit Garn in verschiedenen Farben sehen aus wie Zuckerstreusel, eine Zackenlitze mit Vorstichen um das süße Teilchen genäht, ergibt die Cremefüllung.

Kapitel 3

Modespaß

Bestickte Jeans

Gib deiner Kleidung mit kleinen Stickereien eine persönliche Note, mit der du bestimmt auffällst. Hübsch angeordnete Kettenstiche werden mit Pailletten und Perlen zu niedlichen Blümchen. Entwirf eigene Designs! Du kannst auf diese Weise auch Jacken und Taschen verschönern.

Das brauchst du:

Eine Jeans
Filzstift oder selbstlöschender Stift
Stickgarn in schönen Farben, in Grün für die Blätter, und eine Sticknadel
Schere
Nähnadel und Faden
Pailletten
Stäbchenperlen

1. Markiere die Position der Blümchen am Hosenbein mit Filzstift oder einem selbstlöschenden Stift (siehe Seite 115). Halte die Markierung so klein wie möglich. Schneide ein Stück Stickgarn ab und mache einen Knoten an ein Ende. Sticke von der Innenseite des Hosenbeins aus fünf Kettenstiche (siehe Seite 117) in Blümchenform. Beende die Naht mit einem Knoten auf der Innenseite und schneide den Faden ab. Wiederhole dies für die restlichen Blümchen – wir haben drei Blümchen in verschiedenen Farben aufgenäht.

2. Schneide grünes Stickgarn ab und mache einen Knoten am Ende. Fädle den Faden ein. Nähe von der Innenseite des Hosenbeins aus um die Blümchen herum drei einzelne Kettenstiche, die wie Blätter aussehen. Beende die Naht auf der Innenseite mit einem Knoten und schneide den Faden ab.

3. Um Pailletten anzubringen, schneidest du einen Faden ab und fädelst ihn ein. Beginne die Naht mit ein paar kleinen Stichen an der Innenseite des Hosenbeins nahe bei einem der Blümchen. Führe die Nadel durch den Stoff, durch den Mittelpunkt des Blümchens und durch das Loch in der Mitte der Paillette hindurch, dann am Rand der Paillette durch den Stoff zurück. Führe die Nadel erneut durch die Paillette und auf der anderen Seite durch den Stoff zurück. Nähe so weitere Pailletten an. Beende die Naht mit ein paar kleinen Stichen an der Innenseite. Schneide den Faden ab.

4. Nähe Stäbchenperlen wie die Pailletten zwischen die Blütenblätter, hier reicht ein Stich aus, um sie zu fixieren. Führe die Nadel dann zurück durch die Jeans und fixiere den Faden mit ein paar kleinen Stichen. Schneide den Faden ab. Wenn du möchtest, kannst du das Muster auf dem anderen Hosenbein wiederholen.

Haarspangen

Diese wunderbaren Haarspangen sind schnell gemacht und eignen sich hervorragend dazu, Filzreste aus anderen Projekten zu verwerten. Verwende den Knopflochstich für den Rand der Form – übe ihn erstmal auf anderen Filzresten. Er sieht schwierig aus, ist aber tatsächlich sehr einfach, wenn du den Bogen erstmal raus hast.

Das brauchst du:

Papier und Bleistift für die Papierschablonen
Schere
Filz
Stecknadeln
Stickgarn und -nadel
Füllwatte
Knopf
Haarspängchen aus Metall

1. Verwende die Vorlagen auf Seite 119 nach der Anleitung auf Seite 116, um einen Kreis oder ein Herz aus Papier auszuschneiden. Falte den Filz und stecke die Schablone darauf fest. Schneide die Form aus. So erhältst du zwei Formen. Entferne Stecknadeln und Schablone. Stecke die Formen anschließend zusammen.

2. Schneide eine Länge Stickgarn ab und mache einen Knoten an ein Ende. Fädle das Garn ein. Nähe mit Knopflochstichen (siehe Seite 117) um den Filz herum und lasse dabei eine kleine Öffnung.

3. Fülle die Form nun mit kleinen Stücken Füllwatte.

4. Nähe die Öffnung mit Knopflochstichen zu und beende die Naht mit einem Knoten auf der Rückseite der Form. Schneide den Faden ab.

5. Nähe einen Knopf nach der Anleitung auf Seite 118 auf die Vorderseite der Form.

6. Mache einen Knoten an ein Ende des Stickgarns. Führe die Nadel durch die Rückseite der Form und dann durch das Metallspängchen. Nähe weitere Stiche durch die Rückseite der Form und das Spängchen, sodass sie fest miteinander verbunden sind. Mache einen Knoten und schneide den Faden ab.

Abwandlung:

Statt der Herzvorlage in Schritt 1 kannst du mit Bleistift und Zirkel zwei Kreise auf Papier zeichnen, einen mit einem Durchmesser von 14 cm und einen mit einem Durchmesser von 8 cm, die du als Schablone ausschneidest. Gehe dann nach der Anleitung auf der gegenüberliegenden Seite vor.

T-Shirt mit Applikationen

Applizieren ist eine super einfache aber effektvolle Nähtechnik. Dabei schneidest du Formen aus Stoff aus und verzierst damit einen Trägerstoff. In diesem Fall verzieren wir ein einfaches T-Shirt mit Herzen oder Kreisen, die mit dekorativen Vorstichen entlang des Randes angebracht werden. Durch die Verwendung von Bügelvlies franst der Stoff nicht aus. Das ist wichtig, wenn du etwas mit Applikationen versiehst, das regelmäßig gewaschen wird.

Das brauchst du:

- Papier und Bleistift für die Papierschablonen
- Schere
- 2 Stücke gemusterten Stoff
- Bügeleisen
- Bügelvlies
- Ein einfaches T-Shirt
- Stickgarn in unterschiedlichen Farben und Sticknadel

1. Verwende die Vorlagen auf Seite 119 nach der Anleitung auf Seite 116, um große und kleine Herzen aus Papier auszuschneiden. Schneide dann aus dem Stoff Vierecke aus, die etwas größer sind als die Herzen. Bitte einen Erwachsenen, Bügelvlies nach den Angaben des Herstellers auf die Rückseite beider Stoffstücke zu bügeln. Zeichne die Umrisse jedes Herzens auf der Rückseite der Stoffstücke vorsichtig mit einem Bleistift nach.

2. Schneide die Stoffherzen danach sorgfältig mit der Schere aus. Achte dabei darauf, dass du einen gleichmäßigen Rand erhältst.

3. Bitte einen Erwachsenen, dir beim Bügeln des T-Shirts zu helfen, damit es ganz glatt ist. Entferne das Papier von der Rückseite des Bügelvlieses. Lege die Stoffherzen auf die Vorderseite des T-Shirts, wobei du das kleinere in die Mitte des größeren legst. Lege ein feuchtes Tuch auf das T-Shirt und lass dir von einem Erwachsenen dabei helfen, es zu bügeln.

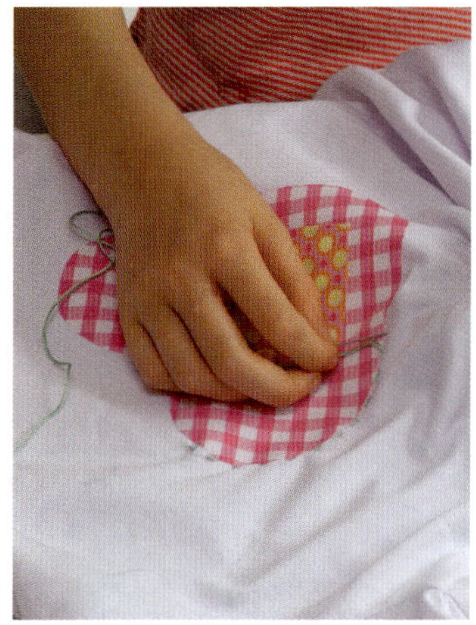

4. Schneide Stickgarn ab und mache einen Knoten an ein Ende. Fädle den Faden ein. Nähe von der Innenseite des T-Shirts aus mit Vorstichen eine Verzierung um das Herz herum. Mache am Ende einen Knoten auf der Innenseite des T-Shirts. Schneide den Faden ab. Um dein T-Shirt weiter zu verzieren, kannst du auch um das innere Herz herum nähen.

Blumenhaarbänder

Verschönere deine Zöpfe oder deinen Pferdeschwanz mit diesem niedlichen Haarschmuck. Filzblumen, auf Haargummis, -clips oder -bänder in deinen Lieblingsfarben genäht, mit einem Knopf in der Mitte, si ein hübsches Extra für jedes Outfit.

Das brauchst du:

- Papier und Bleistift für die Papierschablonen
- Schere
- Sticknadeln
- Filz in zwei Farben für die Blüten und in Grün für die Blätter
- Stickgarn und -nadel
- Knopf
- Haargummi

1. Verwende die Vorlage auf Seite 126 nach der Anleitung auf Seite 116, um Papierschablonen für eine Blüte und eine für ein Blatt auszuschneiden. Stecke die Blütenschablone auf eines der Filzstücke und schneide es aus. Entferne Stecknadeln und Schablone. Wiederhole diesen Schritt auf dem zweiten Stück Filz, du erhältst so zwei Blüten.

2. Stecke die Blattschablone auf den grünen Filz und schneide sie aus. Entferne Stecknadeln und Schablone. Wiederhole das Ganze, so erhältst du zwei Blätter.

3. Lege die Blüten übereinander und die Blätter dahinter. Schneide eine Länge Stickgarn ab. Fädle den Faden ein und mache einen Knoten an ein Ende. Stecke die Nadel von der Rückseite durch die beiden Blätter (am unteren Ende) und durch die Mitte der Blüten. Ziehe den Faden durch, sodass der Knoten festsitzt.

4. Jetzt nimmst du den Knopf und führst dann die Nadel durch eines der Knopflöcher. Ziehe den Faden durch den Knopf, sodass er in der Mitte der Blüte sitzt.

Tipp:

Wenn du den Filz hierfür aussuchst, wähle die Farbe deiner Lieblingsblume. Leuchtendes Rot kannst du für elegante Rosen nehmen. Gefallen dir Butterblumen und Osterglocken? Dann ist Gelb eine gute Wahl. Spaß macht es auch, mit verschiedenen Formen zu arbeiten: Auch ein Stern kann ein Haargummi verschönern und ein Diamant verleiht besonderen Glanz.

5. Ziehe den Faden durch das andere Knopfloch durch und führe die Nadel vorsichtig durch alle Filzschichten. Wiederhole diesen Stich durch den Filz, um den Knopf zu fixieren. Hat dein Knopf vier Knopflöcher? Dann stich auch durch die anderen beiden zweimal durch.

6. Lege das Haargummi auf die Rückseite und nähe ein paar Stiche über das Gummi. Beginne und beende die Naht mit je einem Knoten. Schneide dann den Faden ab. Möchtest du ein Pärchen? Dann mache einfach dasselbe noch einmal.

Jo-Jo-Kette

Das Tolle an dieser hübschen Kette ist, niemand wird sehen, dass du sie aus Stoffresten gemacht hast und sie ist ein Geschenk, über das sich jeder freuen wird. Du kannst auch Armbänder aus kleinen gerafften Jo-Jos machen, oder du verwandelst ein einzelnes Jo-Jo mit einer Sicherheitsnadel auf der Rückseite in eine hübsche Brosche.

Das brauchst du:

Bleistift und Zirkel
Papier
Schere
Stecknadeln
Stoffreste
Nadel und Faden
Knöpfe
Band

1. Stelle den Zirkel auf 5 cm und zeichne einen Kreis auf Papier. Stelle den Zirkel auf 4 cm und zeichne einen zweiten Kreis. Schneide die Kreise aus. Stecke die Schablonen auf Stoffreste und schneide sie aus. Entferne anschließend Stecknadeln und Schablone.

2. Schneide ein Stück Faden ab und fädle ihn ein. Nähe ein paar kleine Stiche am Rand eines der Stoffkreise und nähe mit Vorstichen (siehe Seite 16) einmal um den Kreis herum. Ziehe an einem Ende des Fadens, um den Stoff zu raffen, so erhältst du ein Jo-Jo. Beende die Naht mit ein paar kleinen Stichen, schneide den Faden ab und streiche das Jo-Jo glatt. Mache so mehrere Jo-Jos. Wir haben drei große Kreise und zwei kleinere verwendet.

3. Nähe die drei größeren Jo-Jos mit kleinen Stichen durch den Rand aneinander. Nähe ein kleines Jo-Jo an jedes Ende, so erhältst du einen leichten Bogen.

4. Nähe in die Mitte jedes Jo-Jos einen Knopf (siehe Seite 118).

5. Schneide zwei etwa 20 cm lange Stücke Band ab. Nähe ein paar kleine Stiche durch den Rand eines der äußeren (kleinen) Jo-Jos und nähe ein Ende des Bandes daran. Fixiere das Band mit weiteren kleinen Stichen und schneide den Faden ab. Nähe das andere Stück Band an das andere äußere Jo-Jo. Nun musst du die Bänder nur noch im Nacken zusammenbinden, schon kannst du die Kette tragen.

Kapitel 4

Taschen, Bücher & Schnickschnack

Umhängetasche

Jedes Mädchen braucht eine hübsche Tasche. Was könnte besser sein, als deine eigene aus deinem Lieblingsstoff zu entwerfen? Mit Rückstichen zusammengenähte Rechtecke aus Stoff ergeben eine perfekte Tasche. Du kannst darin mitnehmen, was immer du brauchst. Verziere die Tasche mit einer Stoffschleife, oder mache eine Jo-Jo-Brosche, wie auf Seite 57 beschrieben, die du an die Tasche pinnst, um ihr den letzten Schliff zu geben.

Das brauchst du:

Bleistift
Lineal
Schere
2 Stücke Stoff
Stecknadeln
Nadel und Faden
Breites Band für die Träger, mindestens 60 cm lang
Schmales Band für die Schleife

1. Zeichne mit Bleistift und Lineal ein 22 cm x 25 cm großes Rechteck auf Papier und schneide es aus. Falte eines der Stoffstücke in der Mitte und stecke die Schablone darauf fest. Schneide die Form aus. Entferne Stecknadeln und Schablone. Du erhältst zwei Rechtecke. Wiederhole dies mit dem zweiten Stoff. Nimm den einen Stoff für die Außenseite der Tasche und den anderen für das Futter.

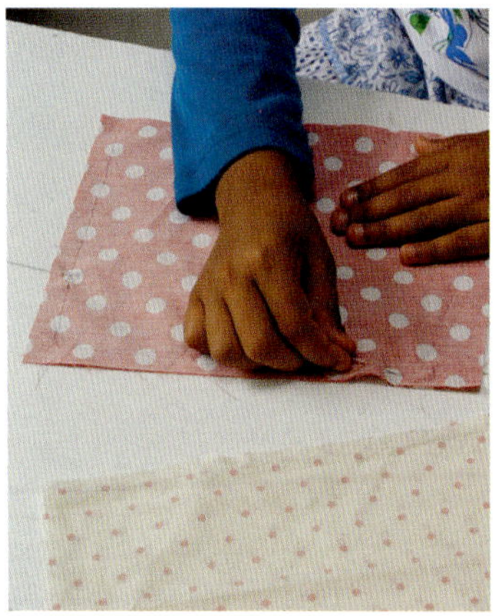

2. Stecke die beiden Rechtecke für die Außenseite so zusammen, dass die Vorderseiten zueinander zeigen. Schneide eine Fadenlänge ab und fädle den Faden ein. Nähe mit Rückstichen (siehe Seite 116) die Längsseiten und die Unterseite zusammen, beginne und beende die Naht mit ein paar kleinen Stichen. Schneide den Faden ab. Entferne die Stecknadeln. Nimm die Stoffstücke für das Futter und stecke sie zusammen, die Vorderseiten zeigen zueinander. Nähe mit Rückstichen die Längsseiten entlang, lasse dabei die kurzen Seiten offen. Beginne und beende die Naht mit ein paar Stichen. Schneide den Faden ab und entferne die Stecknadeln.

3. Wende den Stoff für die Außenseite der Tasche auf die richtige Seite. Schneide das Band für die Träger in zwei 30 cm lange Teile. Lege ein Ende des Bandes auf den unbearbeiteten Rand der Tasche etwa 6 cm vom seitlichen Rand entfernt. Stecke das Band so fest, dass du nur durch eine Stofflage nähst. Fädle den Faden ein und nähe das Band mit ein paar kleinen Stichen fest. Schneide den Faden ab und entferne die Nadeln. Wiederhole das Ganze mit dem anderen Ende des Bandes an der gleichen Stelle auf der gegenüberliegenden Seite. Wiederhole dies mit dem zweiten Band an der anderen Seite der Tasche.

4. Stülpe das Futter (immer noch auf links) über den Stoff für die Außenseite der Tasche. Stecke die oberen Ränder des Futters und der Tasche zusammen. Nähe das Futter mit Rückstichen den oberen Rand entlang an die Tasche. Beginne und beende die Naht mit ein paar kleinen Stichen. Schneide den Faden ab und entferne die Stecknadeln.

5. Drehe das Futter auf rechts. Falte die unbearbeiteten Ränder des Futters etwa 1 cm nach innen und stecke beide Seiten zusammen. Beginne und beende die Naht mit ein paar Stichen und nähe mit Überwendlichstichen das Futter entlang. Schneide den Faden ab und entferne die Stecknadeln. Schiebe das Futter in die Tasche.

6. Mache eine Schleife mit dem schmalen Band. Mache an der Stelle, an der einer der Träger ansetzt, ein paar kleine Stiche und nähe dann durch die Rückseite der Schleife. Nähe weiter durch die Tasche und die Schleife, um sie zu fixieren. Beende die Naht mit ein paar kleinen Stichen an der Innenseite der Tasche. Schneide den Faden ab.

Taschenverzierung

Peppe eine einfache Tasche mit diesen tollen Filzverzierungen auf. Schneide Kreise aus Filz und probiere verrückte Farbkombinationen aus, dann nähst du sie mit Vor- und Knopflochstichen zusammen. Du kannst daraus auch Broschen machen. Befestige einfach eine Sicherheitsnadel an der Rückseite und stecke sie an deine Kleidung oder verschenke sie.

Das brauchst du:

Papier und Bleistift für die Schablonen
Schere
Filz in unterschiedlichen Farben
Stecknadeln
Stickgarn und -nadel
Nähnadel und Faden

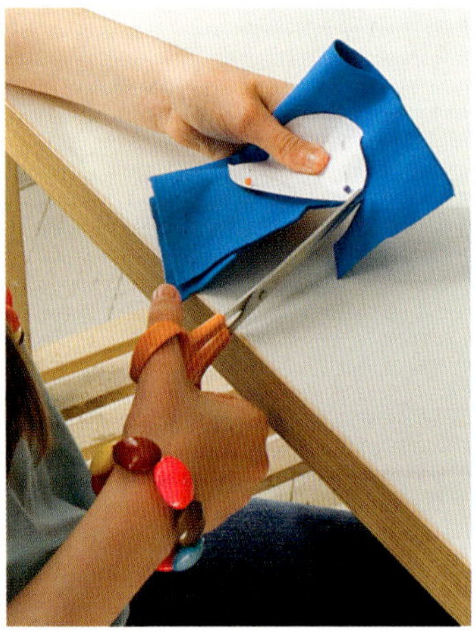

1. Verwende die Vorlagen auf Seite 120 nach der Anleitung auf Seite 116, um für jeden der drei Kreise eine Papierschablone zu machen. Falte ein Stück Filz in der Mitte und stecke die größte Schablone darauf. Schneide sie durch beide Lagen aus. Entferne Stecknadeln und Schablone.

2. Stecke die beiden Filzkreise zusammen. Nimm Stickgarn und nähe mit Knopflochstichen einmal rund um die Ränder herum, um sie zusammenzufügen. Beende die Naht mit ein paar kleinen Stichen auf der Rückseite. Entferne die Stecknadeln.

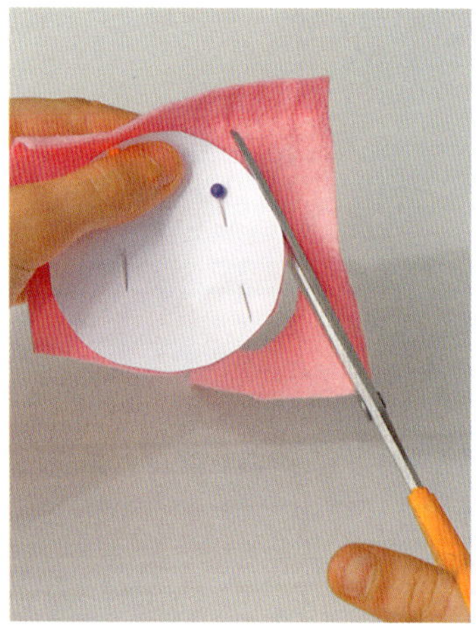

3. Stecke die mittlere Schablone auf Filz in einer anderen Farbe und schneide die Form aus (hier brauchst du nur eine Lage). Entferne anschließend Stecknadeln und Schablone.

4. Schneide mit der Schere einmal rund um den Kreis kleine Dreiecke aus dem Filz heraus.

Tipp:

Mache auf diese Art noch mehr Kreise in verschiedenen Größen und Farben und bringe sie auf deiner Tasche an. So erhält sie ein modisches, individuelles Aussehen. Du kannst auch die Anzahl der Schnitte im mittleren Kreis abwandeln oder ganz andere Formen für die Filzstücke verwenden.

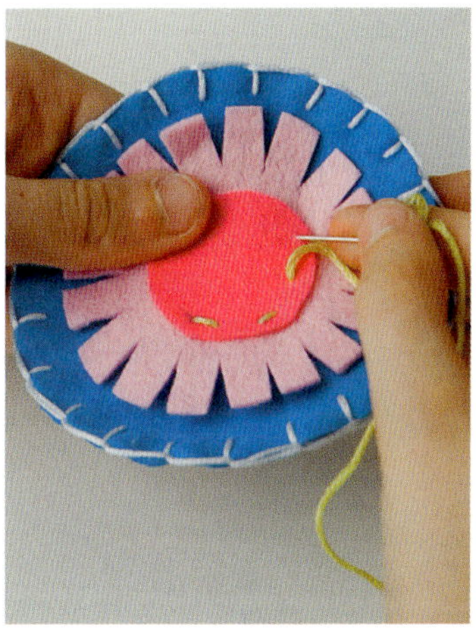

5. Stecke die kleinste Papierschablone auf das dritte Stück Filz und schneide es aus (auch hier brauchst du nur eine Lage). Entferne Stecknadeln und Schablone. Lege den kleinsten Kreis auf den nächst größeren. Dann legst du diese beiden Kreise in die Mitte des größten. Stecke alles fest. Nimm Stickgarn und nähe mit Vorstichen (siehe Seite 116) den Rand des kleinsten Kreises entlang durch alle Schichten. Beginne und beende die Naht mit einem Knoten auf der Rückseite. Entferne die Stecknadeln. Schneide einen Faden ab und fädle ihn in die Nadel ein. Fixiere die Verzierung mit ein paar Stichen von der Innenseite der Tasche aus. Nähe dann mit ein paar Stichen so durch die Rückseite der Verzierung, dass keine Naht zu sehen ist, die Verzierung aber festsitzt. Mache einen Knoten an der Innenseite und schneide den Faden ab.

Stoffbeutel mit Zugband

Diese kleinen Beutel sind einfach herzustellen und perfekt dafür geeignet, Sportsachen, Spielzeug, Schmuck und kleine Schätze aufzubewahren. Du kannst ihnen jede Größe geben – schneide einfach ein Stoffrechteck aus, das doppelt so breit ist, wie der Beutel werden soll, plus 2 cm. Bei der Länge addierst du 5 cm und folgst dann der Anleitung auf dieser Seite. Du kannst die Beutel auch mit Süßigkeiten, hübschen Muscheln oder Perlen gefüllt an Familie und Freunde verschenken.

Das brauchst du:

Stoff
Zackenschere
Lineal
Bleistift
Schere
Nadel und Faden
Sicherheitsnadel
Band
Filzreste
Stickgarn und -nadel

1. Zeichne mit dem Bleistift ein 34 cm x 24 cm großes Rechteck auf den Stoff. Schneide das Rechteck mit der Zackenschere aus, so verhinderst du, dass der Stoff ausfranst. Lege das Stoffstück mit der Rückseite nach oben auf den Tisch, sodass eine der schmalen Seiten nach oben zeigt, und miss von beiden Ecken ausgehend 4 cm ab. Mache mit der Schere an dieser Stelle auf jeder Seite einen etwa 1 cm langen Schnitt.

2. Falte die Stoffklappe oberhalb des Schnitts 1 cm nach innen (siehe Seite 115) und stecke sie fest. Schneide ein Stück Faden ab und nähe mit Vorstichen (siehe Seite 116) die rechte Ecke entlang, um den Stoff zu fixieren. Beginne und beende die Naht mit ein paar kleinen Stichen. Wiederhole das Ganze an der linken Ecke. Entferne dann die Stecknadeln.

3. Falte den oberen Rand des Stoffstücks 1,5 cm nach innen und stecke ihn fest. Nähe mit Vorstichen daran entlang, beginne und beende die Naht mit ein paar kleinen Stichen. Entferne die Stecknadeln. Falte den Stoff der Länge nach in der Mitte, sodass die Rückseite des Stoffes (siehe Seite 115) nach außen zeigt und die Ränder aufeinanderliegen. Stecke alles fest und nähe mit Vorstichen die Seite und den Boden entlang, so erhältst du einen Beutel. Begine und beende die Naht mit ein paar kleinen Stichen. Stülpe den Beutel auf die richtige Seite.

4. Schneide ein etwa 45 cm langes Stück Band ab. Befestige die Sicherheitsnadel an einem Ende und ziehe sie durch die Öffnung im Saum an der Oberseite des Beutels, bis sie auf der anderen Seite wieder herauskommt. Entferne die Sicherheitsnadel.

5. Schneide zwei kleine Kreise oder Quadrate aus Filz. Schneide ein Stück Stickgarn ab und mache einen Knoten an ein Ende. Stecke die Nadel durch beide Enden des Bandes und nähe dann einen Filzkreis auf jede Seite des Bandes, mit kleinen Vorstichen entlang des Randes. Mache am Ende ein paar kleine Stiche oder einen weiteren Knoten. Schneide den Faden zum Schluss ab.

Tipp:

Damit dein Beutel so stabil wie möglich wird, nähe so kleine und sorgfältige Stiche, wie du kannst. So verhinderst du, dass die Nähte aufreißen. Für schwerere Gegenstände wie Murmeln nähst du am besten zwei Reihen Rückstiche übereinander, damit der Beutel nicht reißt. Du kannst den Beutel auch verzieren, indem du Filzstücke darauf nähst. Schneide die Buchstaben deines Namens aus oder mache aus Knöpfen und Perlen Muster, um deiner Tasche das gewisse Etwas zu geben.

Katzentasche

Diese Handtasche ist einfach unschlagbar niedlich! Sie wird aus Fleece hergestellt und du nähst dabei sehr einfache Stiche. Sie ist daher gut für Anfänger geeignet. Du kannst auch eine Tasche entwerfen, die aussieht wie ein Hund, eine Maus oder ein Häschen. Füge Schnurrhaare oder Schlappohren hinzu, fertig ist das lustige Gesicht!

Das brauchst du:

Papier und Bleistift für die Papierschablonen
Scheren
Fleecestoff
Stecknadeln
Zweifarbiges Stickgarn und Sticknadel
Filz für die Nase
Stoffreste für die Ohren
2 Knöpfe
Band für den Träger, mindestens 1 m lang
Band für die Schleife

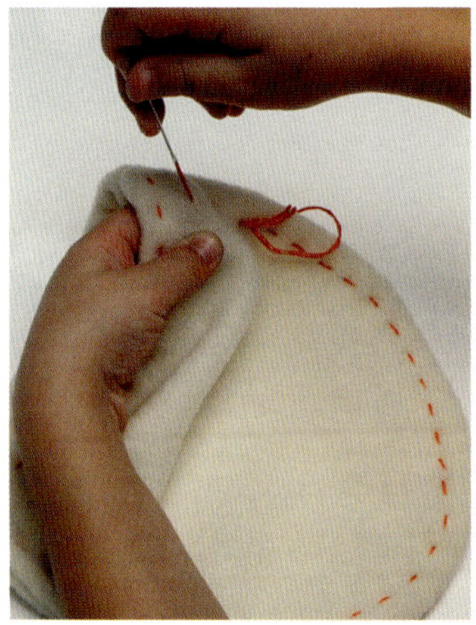

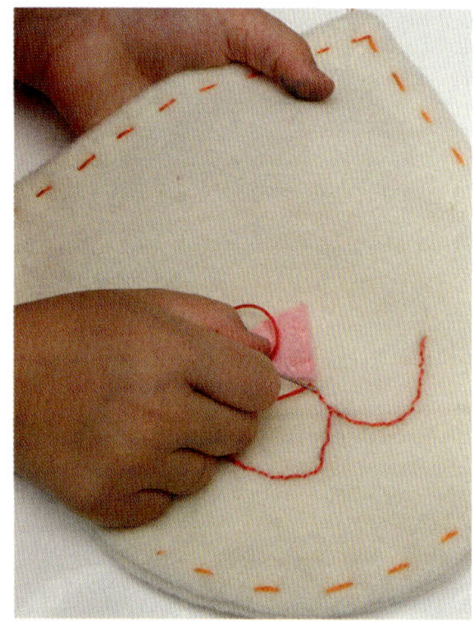

1. Verwende die Vorlagen auf Seite 120 nach der Anleitung auf Seite 116, um Papierschablonen für Tasche, Nase und Ohren auszuschneiden. Falte den Fleece in der Mitte und stecke die Schablone der Tasche darauf fest. Schneide sie aus. Entferne Stecknadeln und Schablone. Du hast jetzt zwei Teile. Stecke diese rechts auf rechts zusammen. Schneide ein Stück Stickgarn ab und mache einen Knoten an ein Ende. Fädle den Faden ein. Nähe mit Rückstichen (siehe Seite 116) entlang der Rundung und lasse das obere Ende offen. Mache einen weiteren Knoten und schneide den Faden ab. Entferne die Stecknadeln.

2. Drehe die Tasche auf rechts. Falte den oberen Rand der Tasche etwa 1 cm nach innen und stecke ihn fest. Verwende buntes Stickgarn. Mache einen Knoten in den Faden und nähe von der Innenseite mit Vorstichen (siehe Seite 116) den oberen Rand der Tasche entlang. Entferne die Stecknadeln während du nähst. Mache einen weiteren Knoten. Schneide den Faden ab.

3. Nimm ein anderes Stück Stickgarn und mache einen Knoten an ein Ende. Nähe von der Innenseite der Tasche mit Vorstichen entlang der Rundung. Mache einen weiteren Knoten. Schneide den Faden ab.

4. Stecke die Papierschablone für die Nase auf Filz und schneide sie aus. Entferne Stecknadeln und Schablone. Schneide eine Länge Garn in der zweiten Farbe ab und mache einen Knoten an ein Ende. Fädle den Faden ein. Beginne und beende die Naht mit einem Knoten an der Innenseite und nähe die Nase mit Vorstichen auf die Mitte der Tasche. Achte darauf, nur durch eine Lage zu nähen. Schneide den Faden ab. Sticke mit Rückstichen in derselben Farbe eine Schnauze auf die Tasche. Beginne und beende die Naht mit einem Knoten an der Innenseite. Schneide den Faden ab.

5. Stecke die Papierschablone für das Ohr auf einen Stoffrest. Schneide zwei Ohren aus. Entferne Stecknadeln und Schablone. Stecke die Ohren auf der Tasche fest. Befestige die Ohren mit Vorstichen, beginne und beende die Naht mit einem Knoten. Entferne die Stecknadeln. Nähe Knöpfe für die Augen auf (siehe Seite 118). Schneide für den Träger ein 1 m langes Stück Band ab. Befestige die Enden des Bandes mit ein paar Stichen an beiden Seiten der Tasche. Mache eine Schleife und nähe sie mit ein paar Stichen durch die Tasche und dann durch die Rückseite der Schleife fest. Beende die Naht mit ein paar kleinen Stichen.

Sukie

Strickmäppchen

Verwandle eine alte Strickjacke ganz einfach in ein Mäppchen, die Knöpfe und Knopflöcher kannst du dabei gut für die Öffnung verwenden. Frage aber immer erst einen Erwachsenen bevor du Kleidung zerschneidest und bewahre alle Reste gut auf, denn du kannst sie für andere Projekte verwenden!

Das brauchst du:

Bleistift
Lineal
Schere
Eine alte Strickjacke mit Knopfleiste (Frage erst ihren Besitzer, wenn es nicht deine eigene ist!)
Stecknadeln
Stickgarn und -nadel
Filzreste
Stift
Zusätzliche Knöpfe, wenn nötig

1. Zeichne mit Bleistift und Lineal ein 15 cm x 26 cm großes Rechteck auf Papier. Schneide es aus. Schließe die Knöpfe der Strickjacke, drehe sie auf links und lege sie flach auf den Tisch. Stecke die Schablone durch beide Lagen der Jacke so fest, dass die Knopfreihe etwa 5 cm von einer ihrer Längsseiten entfernt ist.

2. Schneide mit einer Schere um die Schablone herum. Entferne Stecknadeln und Schablone. Stecke die beiden Lagen wieder zusammen.

3. Schneide ein Stück Stickgarn ab und mache einen Knoten an ein Ende. Fädle den Faden ein. Nähe mit Rückstichen (siehe Seite 116) das Rechteck entlang. Mache einen weiteren Knoten und schneide den Faden ab.

4. Öffne die Knöpfe und drehe das Mäppchen auf rechts, stülpe dabei die Ecken sorgfältig nach außen, damit du ein schönes Rechteck erhältst. Zeichne die Anfangsbuchstaben deines Namens auf Filzstücke und schneide sie aus, um sie auf dem Mäppchen anzubringen. Stecke die Buchstaben auf der Vorderseite fest. Nimm Stickgarn und nähe die Buchstaben mit dem Überwendlichstich (siehe Seite 117) fest, beginne und beende die Naht mit ein paar kleinen Stichen. Schneide den Faden ab und entferne die Stecknadeln. Nähe weitere Knöpfe an (siehe Seite 118), falls welche fehlen.

Filzbucheinband

Diese süßen Bucheinbände sind ein perfektes Geschenk für Großeltern, Tanten und Onkel. Male ein Bild auf Stoff und sticke es mit Rückstichen nach. Nähe es auf Filz und mache daraus einen Umschlag für ein Notizbuch. So wird es ein ganz persönliches Geschenk, das über Jahre ein treuer Begleiter sein wird.

Das brauchst du:

Schere
Einfarbigen Baumwollstoff
Stickrahmen
Bleistift
Stickgarn in verschiedenen Farben und Sticknadel
Lineal
Stift
Stecknadeln
Zackenlitze, Nähnadel und Faden
Knöpfe
Buttons (optional)

1. Schneide ein Quadrat aus Baumwollstoff, das auf jeder Seite etwa 8 cm breiter ist als der Stickrahmen. Lege es in den Stickrahmen und stelle ihn so ein, dass der Stoff schön straff ist (siehe Seite 118). Zeichne mit einem Bleistift ein Bild auf den Stoff.

2. Schneide ein Stück Stickgarn ab und mache einen Knoten an ein Ende. Fädle den Faden ein. Nähe mit Rückstichen (siehe Seite 116) von der Unterseite aus entlang der Linien deines Bildes und wechsle die Farben für unterschiedliche Teile des Bildes. Beende die Naht mit einem Knoten auf der Unterseite. Entferne die Stickerei aus dem Rahmen. Zeichne mit Bleistift und Lineal ein Quadrat oder ein Rechteck um dein Bild und schneide es aus.

3. Miss das Buch von oben nach unten aus und füge der Länge 2 cm hinzu. Miss das Buch dann von rechts nach links über den Buchrücken und die Rückseite entlang aus und füge dem Ergebnis 8 cm hinzu. Zeichne mit Stift und Lineal ein Rechteck mit diesen Abmessungen auf den Filz und schneide es aus. Falte die kurzen Enden des Filzes 4 cm nach innen. So erhältst du die Buchklappen. Probiere aus, ob der Einband passt und passe die Breite der Klappen an, falls dies nötig sein sollte.

4. Nähe mit Vorstichen oder Knopflochstichen (siehe Seite 116) den Rand entlang. Beginne und beende die Naht mit einem Knoten auf der Innenseite. Entferne die Stecknadeln.

5. Stecke deine Stickerei auf der Vorderseite des Filzeinbandes fest. Nimm Stickgarn und nähe sie mit Vorstichen oder Kreuzstichen (siehe Seite 117) fest, beginne und beende die Naht mit Knoten auf der Innenseite. Achte darauf, dass du nur durch die Vorderseite und nicht durch die Klappen und die Rückseite des Einbandes nähst. Entferne die Stecknadeln.

6. Als weitere Verzierungen kannst du Knöpfe annähen (siehe Seite 118). Oder du nähst mit Nähnadel und Faden eine Zackenlitze um die Stickerei. Beginne und beende die Naht mit ein paar kleinen Stichen.

Nadelkissen

Die Marienkäfer- und Blatt-Nadelkissen sind putzig und praktisch und somit ein Muss für jedes Nähset. Mache eines der beiden oder beide und verwende dann eines für Stecknadeln und das andere für Nähnadeln. Du kannst sie auch an Familie und Freunde verschenken oder gleich mehrere nähen und bei einem Wohltätigkeitsbasar an der Schule verkaufen.

Das brauchst du:

Papier und Bleistift
  für die Papierschablonen
Schere
Roten und schwarzen Filz
  für den Marienkäfer
Stecknadeln
Grünen Filz für das Blatt
Stickgarn in Schwarz, Rot und Hellgrün
Sticknadel
Füllwatte
2 Knöpfe für die Augen des Marienkäfers

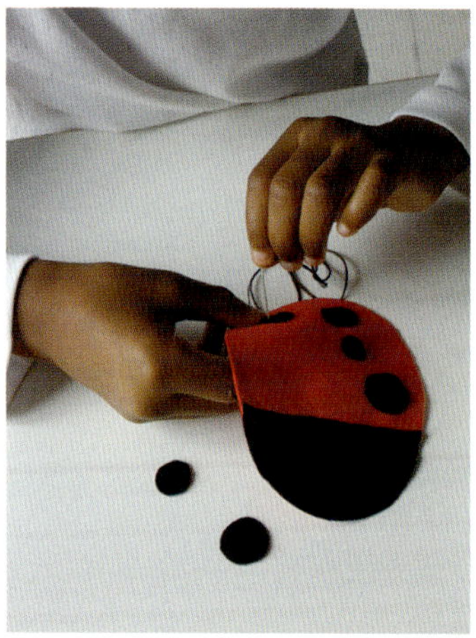

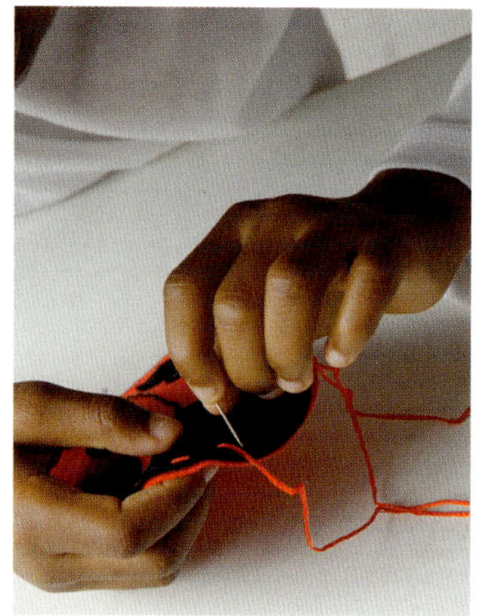

1. Verwende die Vorlagen auf Seite 123 nach der Anleitung auf Seite 116, um Papierschablonen für den Marienkäfer und das Blatt auszuschneiden. Falte den roten Filz in der Mitte und stecke die Schablone für den Körper des Marienkäfers darauf. Schneide rundherum aus, so erhältst du zwei rote Filzstücke. Stecke die Schablone für den Kopf auf schwarzen Filz und schneide ihn aus. Falte den grünen Filz in der Mitte und stecke die Blattschablone darauf. Schneide rundherum aus. Entferne Stecknadeln und Schablonen.

2. Schneide eine Länge Stickgarn ab und mache einen Knoten an ein Ende. Fädle den Faden ein. Nähe von der Unterseite des Filzes aus mit Vorstichen (siehe Seite 116) den Kopf des Marienkäfers auf eines der Teile für den Körper. Mache am Ende einen weiteren Knoten auf der Unterseite des Filzes. Schneide den Faden ab. Schneide kleine schwarze Kreise aus dem schwarzen Filz und nähe sie auf den Körper des Marienkäfers.

3. Mache am Anfang und am Ende einen Knoten auf der Unterseite des Filzes und nähe mit Rückstichen (siehe Seite 116) die Mitte des Marienkäfers entlang. Schneide den Faden ab. Sticke mit Rückstichen Blattadern auf eines der Teile für das Blatt. Nimm dafür Garn in einer Farbe, die sich leicht von der Blattfarbe abhebt.

4. Stecke die Teile für die Unter- und die Oberseite des Marienkäfers zusammen und nähe sie mit Vorstichen zusammen, lasse dabei eine kleine Öffnung. Entferne die Stecknadeln. Wiederhole dies mit dem Blatt.

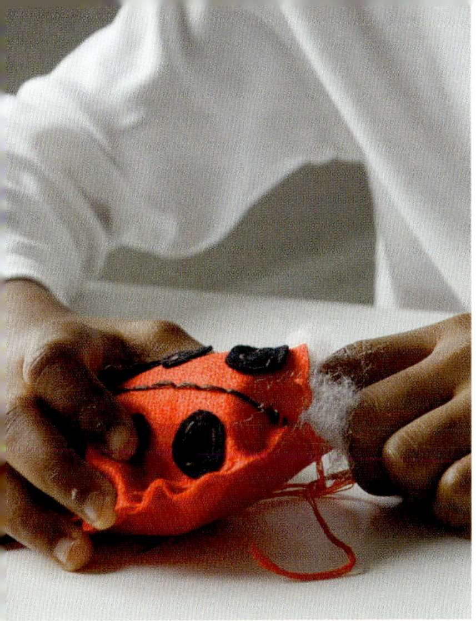

5. Stopfe Füllwatte durch die Öffnung, um den Marienkäfer und das Blatt auszustopfen (siehe Seite 115). Nimm viel Füllwatte, sodass die Nadelkissen schön prall werden. Nähe die Öffnung zu und beende die Naht mit einem Knoten auf der Unterseite.

6. Nähe Knöpfe nach der Anleitung auf Seite 118 auf den Kopf des Marienkäfers, sodass sie wie Augen aussehen.

SYLKO
FAST DYE
D.418
LT. KINGFISHER
TRYLKO
D309
LIGHT LIME GREEN

Nähkorb

Bewahre dein Nähzeug stilvoll in einem hübschen Nähkorb aus einer alten Keksdose auf. Dazu nimmst du Stoffkreise, die um die Dose gerafft werden. Der Nähkorb ist der ideale Aufbewahrungsort für Scheren, Faden und andere Nähutensilien.

Das brauchst du:

Eine alte, runde Metalldose, Durchmesser etwa 18 cm
Karton
Bleistift
Schere
Stoff in 2 Farben
Maßband
Nähnadel und Faden
Bastelkleber
Volumenvlies
Zackenlitze und Pomponborte
Band für den Griff

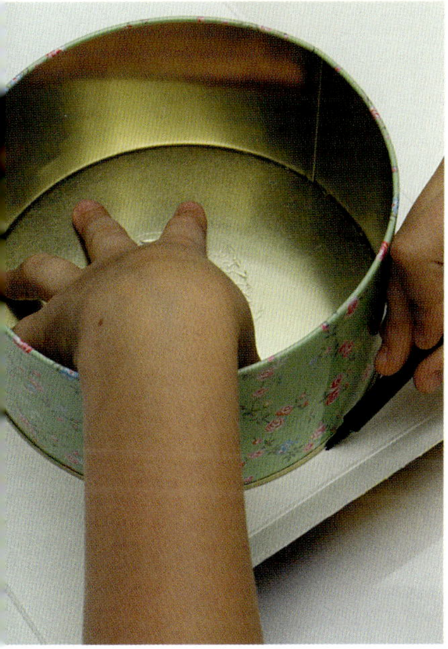

1. Stelle die Metalldose auf den Karton und zeichne mit dem Bleistift den Umriss nach. Schneide den Kreis innerhalb der Bleistiftlinie aus, damit der Kreis etwas kleiner ist als die Dose. Probiere aus, ob der Kreis in die Dose passt, wenn nicht, schneide nach. Lege den Karton zur Seite.

2. Stelle die Dose auf den Stoff. Miss die Tiefe der Dose aus, verdoppele sie und füge dem Ergebnis 4 cm hinzu. Miss dieses Gesamtergebnis von der Außenseite der Dose aus auf dem Stoff ab und markiere es mit dem Bleistift. Zeichne in dieser Entfernung einen Kreis um die Dose. Entferne die Dose und schneide den Kreis aus. Schneide ein Stück Faden ab und fädle ihn ein. Nähe ein paar kleine Stich am Rand des Stoffes und nähe dann mit großen Vorstichen (siehe Seite 116) einmal außen herum.

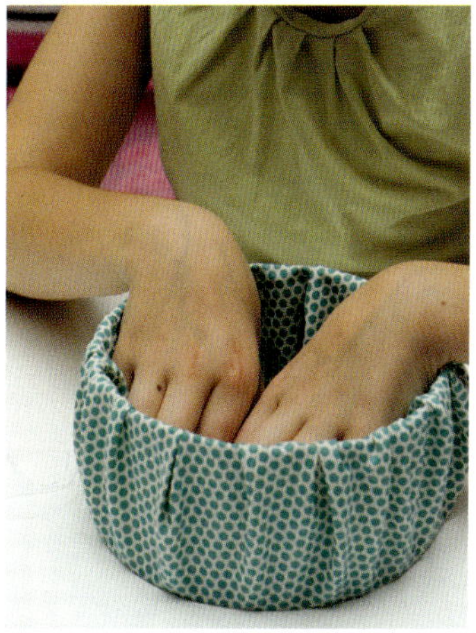

3. Stelle die Dose in die Stoffmitte. Ziehe den Faden zusammen und raffe den Stoff um die Dose herum zusammen. Beende die Naht mit ein paar kleinen Stichen. Schneide den Faden anschließend ab.

4. Für den inneren Boden der Dose legst du den Kreis aus Karton auf ein zweites Stück Stoff. Miss vom Kreis aus 4 cm nach außen und schneide diesen Kreis aus. Beginne die Naht mit ein paar kleinen Stichen am Rand des Stoffkreises und nähe mit Vorstichen einmal herum, wie in Schritt 2. Ziehe den Stoff über dem Kartonkreis zusammen und beende die Naht mit ein paar kleinen Stichen. Schneide den Faden anschließend ab.

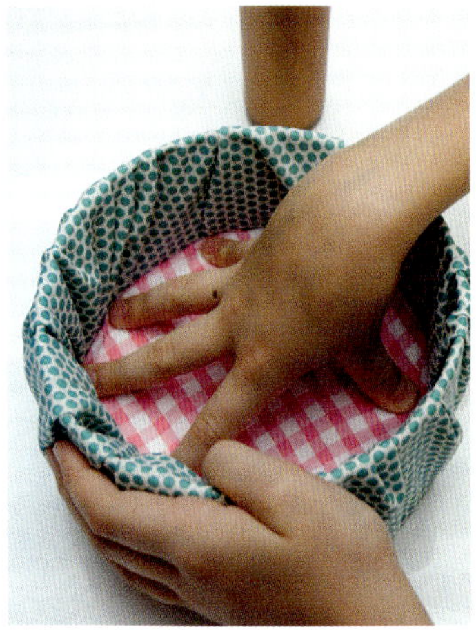

5. Verteile Bastelkleber auf dem Boden der Dose und der Unterseite der Kartonscheibe aus Schritt 4. Lege die Scheibe in die Dose. Ordne den Stoff so an, dass er glatt ist und stelle etwas Schweres in die Dose, bis der Klebstoff getrocknet ist (eine Packung getrocknete Bohnen eignet sich gut dafür).

6. Nimm für das Innere des Deckels den Dosendeckel und schneide einen Kreis aus Karton, der etwas kleiner ist als der Deckel. Zeichne die Umrisse des Kreises auf das Volumenvlies. Schneide die Einlage aus und klebe sie auf den Karton. Schneide ein weiteres Stück Stoff aus, das ringsum etwa 4 cm größer ist als der Deckel. Ziehe es wie in Schritt 4 auf der Rückseite der gepolsterten Scheibe zusammen. Beende die Naht mit ein paar kleinen Stichen und schneide den Faden ab.

7. Lege den Deckel auf Stoff und schneide wieder einen Kreis aus, der ringsum etwa 4 cm größer ist. Entferne den Deckel. Nähe mit Vorstichen den Stoffkreis entlang. Lege den Deckel in die Mitte des Stoffes. Ziehe mit dem Faden den Stoff um den Deckel zusammen, sodass er gut anliegt. Beende die Naht mit ein paar kleinen Stichen und schneide anschließend wieder den Faden ab.

Tipp:

Wir haben für dieses Projekt drei Stoffe verwendet, mit unterschiedlichen Farben und Mustern. Aber auch, wenn du nur eine Sorte Stoff hast, sieht dein Nähkorb toll aus: Du kannst ja Kreise, Quadrate, Sterne oder andere Formen aus Stoffresten darauf kleben, wenn du ihn bunter gestalten möchtest.

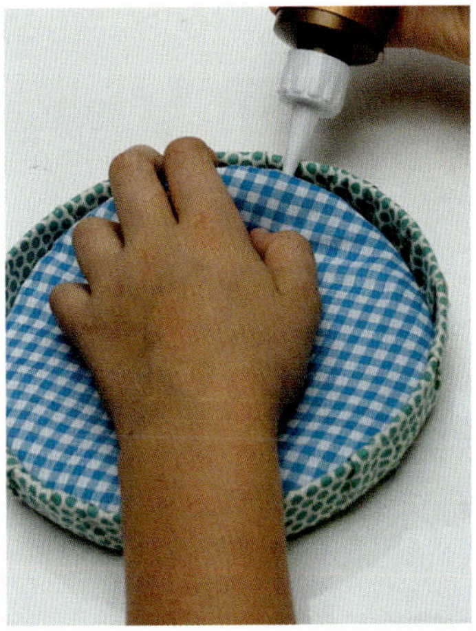

8. Verteile Klebstoff im Deckel und auf der Unterseite der gepolsterten Scheibe und klebe die Scheibe fest. Auch hier ist es gut, wenn du etwas Schweres darauf legst, bis der Klebstoff getrocknet ist.

9. Klebe die Borte und die Zackenlitze um das obere Ende der Dose und um den Deckel, dabei sollten die Enden überlappen. Für den Griff machst du eine Schleife in das Band und klebst sie oben auf den Deckel. Dann lässt du den Klebstoff trocknen.

Nadeletui

Bewahre deine Nadeln in diesem wunderschönen Nadeletui aus Filz sicher auf. Die Verzierung in Form einer Kirsche besteht aus Zierband und Knöpfen. Es lässt sich sehr leicht herstellen, ist die perfekte Ergänzung deines Nähsets, eignet sich aber auch sehr gut als Geschenk für jeden Nähbegeisterten.

Das brauchst du:

Papier und Bleistift für die Papierschablonen
Lineal
Schere
Stecknadeln
Filz in drei Farben
Zackenschere
Dünnes, grünes Band
Nähnadel und Faden
Stickgarn und -nadel
2 rote Knöpfe

1. Zeichne mit Bleistift und Lineal ein 17 cm x 11 cm großes Rechteck auf Papier. Schneide die Schablone aus und stecke sie auf eines der Filzstücke. Schneide den Filz mit der Zackenschere aus. Das wird der Umschlag deines Nadeletuis. Entferne anschließend Stecknadeln und Schablone.

2. Zeichne ein 9 cm x 7 cm großes Rechteck auf Papier und schneide es aus. Stecke die Schablone auf Filz in einer anderen Farbe. Schneide es mit der Zackenschere aus. Dies wird der Untergrund für die Verzierung auf der Vorderseite des Etuis. Entferne Stecknadeln und Schablone.

3. Nimm das Band und binde eine Schleife. Schneide die Enden auf ein Stück von etwa 3,5 cm. Schneide ein Stück Faden ab und mache einen Knoten an ein Ende. Fädle den Faden ein. Mache einen Knoten auf der Unterseite und fixiere die Schleife mit ein paar kleinen Stichen auf dem kleineren Filzrechteck. Beende die Naht mit einem weiteren Knoten an der Rückseite des Filzes und schneide den Faden ab.

4. Nähe nach der Anleitung auf Seite 118 einen roten Knopf mit Nähnadel und Faden an einem Ende des Bandes fest, sodass er wie eine Kirsche aussieht. Wiederhole dies danach am anderen Ende.

5. Nimm das größere Rechteck aus Schritt 1 und falte es in der Mitte. Schneide ein Stück Stickgarn ab und mache einen Knoten an ein Ende. Fädle den Faden ein. Nähe das Filzstück mit den Kirschen mit Vorstichen (siehe Seite 116) von der Rückseite aus auf die Vorderseite. Achte darauf, dass du nur durch eine Lage des Umschlags nähst. Beende die Naht mit einem Knoten auf der Rückseite. Schneide den Faden ab.

6. Zeichne mit Bleistift und Lineal ein 15 cm x 9,5 cm großes Rechteck auf Papier. Schneide die Schablone aus und stecke sie auf das dritte Filzstück. Schneide den Filz mit einer Schere aus. Das wird die Einlage des Nadeletuis. Entferne Stecknadeln und Schablone. Stecke die Einlage in der Mitte des Umschlags fest. Mache einen Knoten an ein Ende des Fadens. Nähe von der Rückseite der Einlage aus mit Vorstichen die Mitte entlang. Beende die Naht mit einem Knoten auf der Rückseite der Einlage. Schneide den Faden ab und entferne die Stecknadeln.

Haarspangenhalter

Brauchst du einen Ort für deine Haarspangen, -bänder und -gummis? Dieser süße Haarspangenhalter ist einfach perfekt dafür! Ein hübscher Blumentopf aus Filz enthält Filzblumen, die mit französischen Knötchen verziert sind, und Bänder, an denen du deine Spängchen befestigen kannst. Knöpfe an den Bandenden sind genau der richtige Ort, um deine Haarbänder ordentlich aufzuhängen. Du kannst statt der Blumen natürlich auch Knöpfe oder Filzkreise aufnähen.

Das brauchst du:

- Papier und Bleistift für die Papierschablonen
- Schere
- Filz in Braun
- Stecknadeln
- Stickgarn und -nadel
- Füllwatte
- 3 Längen Band von je 20 cm Länge, um deine Spangen zu befestigen
- Nähnadel und -faden
- Dünnes Band für die Schlaufe
- 3 Knöpfe

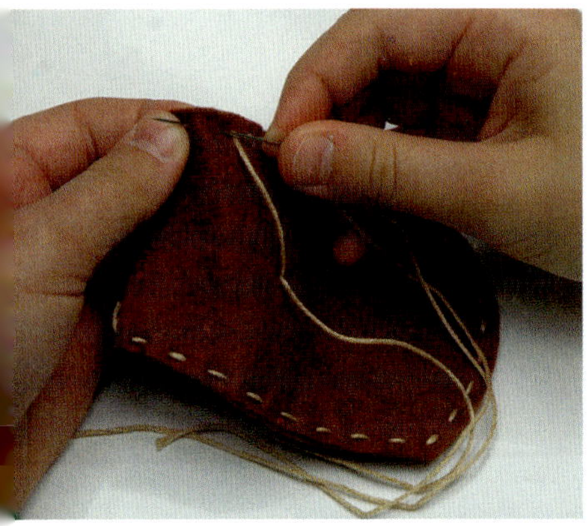

1. Verwende die Vorlagen auf Seite 120 nach der Anleitung auf Seite 116, um Papierschablonen für Blüte, Topf und Blatt auszuschneiden. Falte den braunen Filz in der Mitte, stecke die Topfschablone darauf und schneide sie aus. Entferne Stecknadeln und Schablone. Du erhältst zwei Blumentopfumrisse. Stecke sie zusammen. Schneide Stickgarn ab und mache einen Knoten. Fädle den Faden ein. Beginne auf der Rückseite und nähe von einer unteren Ecke aus mit Vorstichen (siehe Seite 116) die Seiten und das Oberteil des Topfes entlang. Beende die Naht mit einem Knoten auf der Rückseite. Entferne die Stecknadeln und schneide den Faden ab.

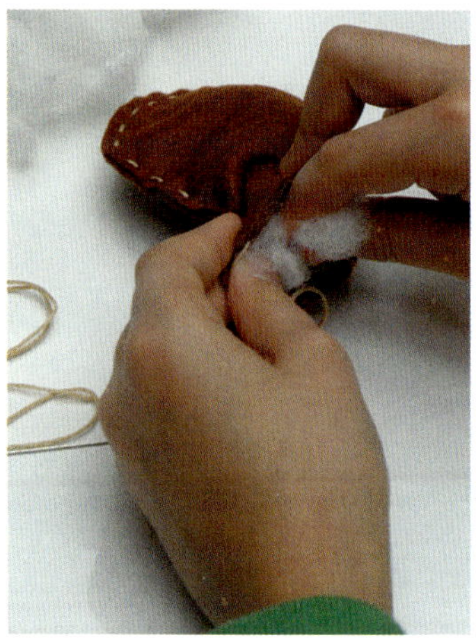

2. Fülle den Topf bis in die Ecken mit Füllwatte (siehe Seite 115).

3. Stecke die Bänder im Boden des Topfes fest. Nimm Stickgarn, beginne und beende die Naht mit einem Knoten und nähe mit Vorstichen den Boden entlang. Schneide anschließend den Faden ab. Entferne die Stecknadeln während du nähst.

4. Stecke die Blüten- und Blattschablone aus Schritt 1 auf bunten Filz und schneide sie aus. Entferne Stecknadeln und Schablonen. Mache so sieben Blüten und sechs Blätter.

5. Nimm Stickgarn, beginne und beende die Naht mit einem Knoten auf der Rückseite und nähe französische Knötchen (siehe Seite 118) in die Mitte der Blüten. Schneide den Faden ab.

6. Schneide ein Stück Faden ab und fädle ihn ein. Beginne die Naht mit ein paar kleinen Stichen oben auf dem Topf und nähe ein Blatt fest, indem du durch den Blattansatz nähst und durch den Topf zurück. Mache am Ende ein paar kleine Stiche. Schneide den Faden ab. Nähe so auch eine Blüte auf den Topf, wobei du durch die Mitte der Blüte nähst. Versuche, kleine Stiche zu nähen, die auf der Vorderseite nicht so sehr auffallen. Nähe die anderen Blüten und Blätter auf dieselbe Art auf den Topf und lass sie überlappen, das ergibt ein schönes Bild.

7. Mache eine Schlaufe aus dem dünnen Band. Beginne und beende die Naht mit ein paar kleinen Stichen, damit die Schlaufe wirklich hält, und nähe sie mit Nähnadel und Faden an der Rückseite des Topfes fest. Schneide den Faden ab und nähe Knöpfe (siehe Seite 118) an die Enden der Bänder.

Besticktes Kissen

Dekoriere dein Zimmer mit einem hübschen bestickten Kissen, das du selbst gemacht hast. Schneide Blüten und Blätter aus und nähe sie auf einfarbigen Stoff oder entwirf dein eigenes Design mit handgezeichneten Formen. Mache dir ein persönliches Kuschelkissen, indem du deine Initialen aus gemusterten Stoffen ausschneidest und darauf heftest. Du kannst außerdem der Füllung ein wenig getrockneten Lavendel untermischen, schon hast du ein Duftkissen.

Das brauchst du:

Papier und Bleistift für die Papierschablonen
Schere
Stecknadeln
Reste von gemusterten Stoffen
Einfarbigen Stoff für den Kissenbezug
Lineal
Stickgarn und -nadel
3 Knöpfe
Nähnadel und Faden
Füllwatte (Füllmaterial)

1. Verwende die Vorlagen auf Seite 119 nach der Anleitung auf Seite 116, um Papierschablonen für die Blüte und den Kreis auszuschneiden. Wir schneiden drei Blüten und drei Kreise aus. Stecke die Schablonen auf Stoffreste und schneide sie aus. Entferne Stecknadeln und Schablonen. Lege das Ganze zur Seite.

2. Zeichne mit Bleistift und Lineal zwei 35 cm x 27 cm große Rechtecke auf den einfarbigen Stoff und schneide sie aus. Schneide ein Stück Stickgarn ab und mache einen Knoten an ein Ende. Nähe vom unteren Ende der Längsseite des Stoffes von der Rückseite aus drei Stiele mit Kettenstichen (siehe Seite 117) auf die Vorderseite. Sticke die Stiele in verschiedenen Längen zwischen 8 cm und 12 cm. Fixiere den Faden mit einem Knoten auf der Rückseite und schneide den Faden ab. Dies wird die Vorderseite des Kissenbezuges.

3. Stecke die Blüten und Kreise auf der Vorderseite des Bezugs fest. Schneide ein Stück Faden ab und fädle ihn ein. Nähe um die Ränder der Blüten und der Kreise mit Vorstichen (siehe Seite 116), be-ginne und beende die Naht mit ein paar kleinen Stichen. Entferne die Stecknadeln.

4. Als weitere Verzierung kannst du Knöpfe in die Mitte der Blüten nähen (siehe Seite 118).

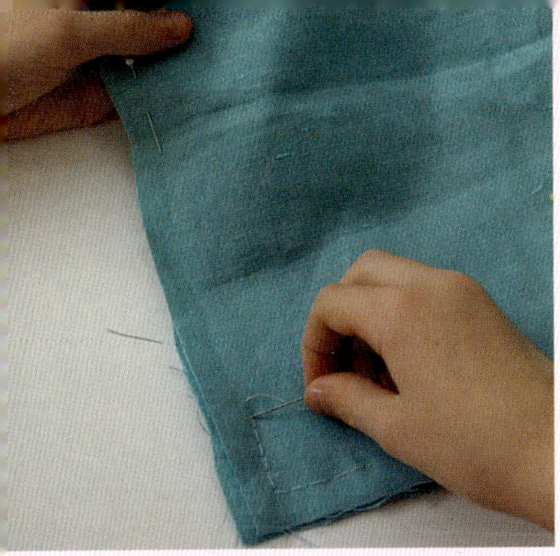

5. Stecke die zwei Stoffrechtecke so zusammen, dass die Außenseiten des Stoffes zueinander zeigen. Nähe sie mit Rückstichen (siehe Seite 116) einmal rundherum zusammen und lasse eine etwa 8 cm große Öffnung. Beginne und beende die Naht mit ein paar kleinen Stichen. Entferne die Nadeln.

6. Drehe das Kissen auf rechts und ziehe das Ende des Fadens auf die Außenseite. Fülle das Kissen bis in die Ecken mit Füllwatte (siehe Seite 115). Fädle den Faden wieder ein und verschließe die Öffnung mit Überwendlichstichen.

Kapitel 5

Zeit, sich zu ver- kleiden

Piratenhut & Augenklappe

Beim Klabautermann! Was ein Spaß, sich mit großem Hut und Augenklappe als Pirat zu verkleiden. Beides ist schnell gemacht, sodass garantiert jede Menge Zeit zum Spielen bleibt. Damit die Verkleidung komplett ist, kannst du noch ein Quadrat aus gepunktetem Stoff zu einem Halstuch falten.

Das brauchst du:

Papier und Bleistift
für die Papierschablonen
Schere
Stecknadeln
Schwarzen Filz
Weißes Stickgarn und -nadel
Filz in Weiß
2 schwarze Knöpfe
Nähgarn und -nadel in Schwarz
Gummiband in Schwarz

1. Verwende die Vorlagen auf Seite 124 nach der Anleitung auf Seite 116, um eine Schablone für Vorder- und Rückseite des Hutes auszuschneiden. Stecke die Schablone auf den schwarzen Filz und schneide sie aus. Entferne Stecknadeln und Schablonen.

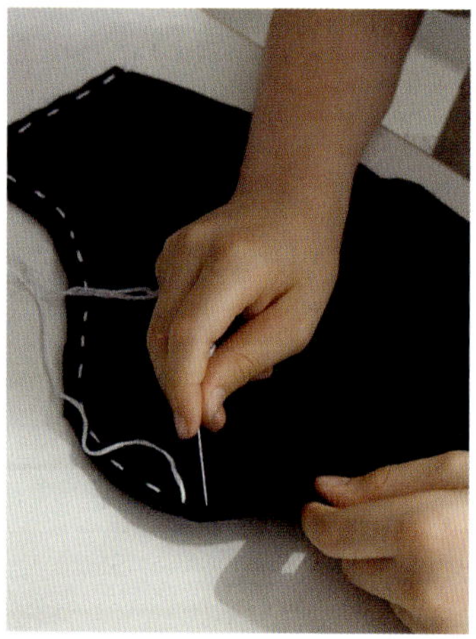

2. Stecke die beiden Filzstücke zusammen. Schneide ein Stück weißes Stickgarn ab und mache einen Knoten an ein Ende. Fädle den Faden ein. Nähe von der Innenseite des Hutes aus mit Vorstichen (siehe Seite 116) die Seiten und die Oberseite entlang, lasse die Unterseite offen. Mache am Ende einen Knoten auf der Innenseite und schneide den Faden ab. Entferne anschließend die Stecknadeln.

3. Verwende die Vorlagen auf Seite 124, um Papierschablonen für einen Totenkopf und zwei Knochen auszuschneiden. Stecke die Schablonen auf den weißen Filz und schneide sie aus. Entferne Stecknadeln und Schablonen.

4. Stecke den Filztotenkopf auf der Vorderseite des Hutes oben in der Mitte fest und einen der Knochen quer darunter. Nimm weißes Stickgarn und nähe sie mit Vorstichen fest. Beginne und beende die Naht mit Knoten auf der Innenseite. Entferne die Stecknadeln. Stecke den zweiten Knochen quer über den ersten, sodass sie ein Kreuz ergeben und nähe ihn fest. Entferne zum Schluss die Stecknadeln.

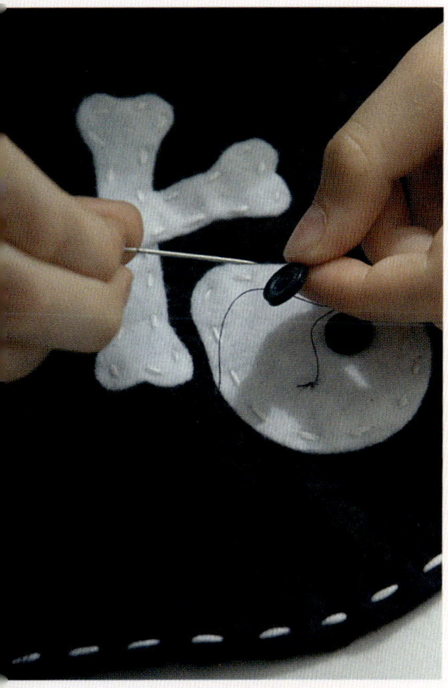

5. Nähe für die Augenhöhlen zwei Knöpfe mit schwarzem Nähgarn an (siehe Seite 118).

6. Verwende die Vorlagen auf Seite 124, um eine Papierschablone für die Augenklappe auszuschneiden. Falte den schwarzen Filz, stecke die Schablone darauf fest und schneide sie aus. Du erhältst zwei Formen für die Augenklappe. Entferne Stecknadeln und Schablone. Schneide schwarzes Nähgarn ab und mache einen Knoten an ein Ende. Nähe mit kleinen Stichen ein Ende des Gummibandes an der oberen Ecke eines der Filzstücke an und mache einen weiteren Knoten auf der Seite des ersten Knotens. Probiere aus, ob das Gummiband um deinen Kopf passt und nähe das andere Ende an der gegenüberliegenden Ecke des Filzstücks fest. Achte darauf, dass das Gummiband fest sitzt.

7. Stecke das zweite Filzstück auf die Rückseite des ersten, sodass die Knoten des Gummibands verdeckt sind. Schneide weißes Stickgarn ab und mache einen Knoten an ein Ende. Fädle den Faden ein. Nähe mit Vorstichen von der Rückseite aus die Filzstücke am Rand zusammen. Beende die Naht mit einem Knoten auf der Rückseite und schneide den Faden ab. Entferne die Stecknadeln.

Pferd & Sheriffstern

Howdy Partner! Aus einer großen Socke, die du füllst und an einen Besenstiel bindest, machst du ein Steckenpferd. Nähe Stoffstreifen als Mähne und Knöpfe für die Augen an. Auf den Sheriffstern stickst du ein S für Sheriff oder den Anfangsbuchstaben deines Namens, schon siehst du aus wie ein richtiger Western-Sheriff.

Das brauchst du:

FÜR DAS PFERD:

Eine alte Socke, am besten von einem Erwachsenen
(Denke daran, zu fragen, ob du sie verwenden darfst)
Füllwatte
Schere
Stoff
Strickwolle und Stricknadel mit großem Nadelöhr
Papier und Bleistift für die Schablonen
Stecknadeln
Filz für die Ohren
2 Knöpfe
Bastelkleber
Besenstiel

FÜR DEN SHERIFFSTERN:

Filz
Stickgarn und -nadel
Nähnadel und Faden
Sicherheitsnadel
5 kleine Knöpfe

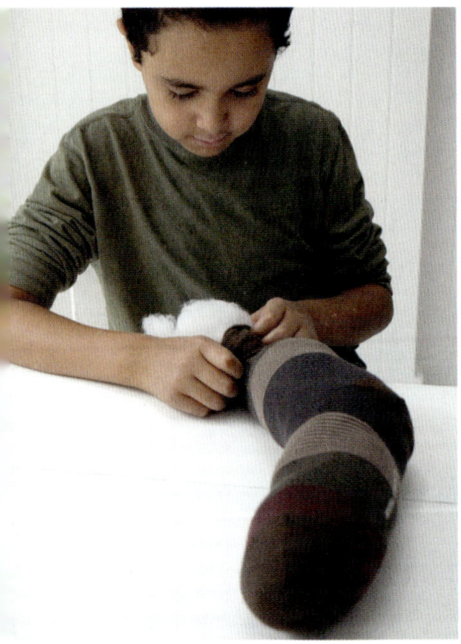

1. Nimm die Socke und fülle sie mit Füllwatte (siehe Seite 115) für den Pferdekopf. Versuche so zu arbeiten, dass keine Beulen entstehen.

2. Für die Mähne deines Pferdes zerreißt du Stoff in etwa 2 cm - 3 cm breite Streifen und schneidest diese auf eine Länge von etwa 15 cm. Wir haben fünf verschiedene Stoffstücke mit unterschiedlichen Mustern verwendet. Du kannst aber so viele oder so wenige verwenden, wie du möchtest.

3. Fädle ein Stück Strickwolle durch die große Nadel. Mache einen Knoten in die Wolle und nähe jeweils durch die Mitte der Stoffstreifen die gesamte Rückseite des Sockens entlang. Beende die Naht mit einem Knoten und schneide den Faden ab.

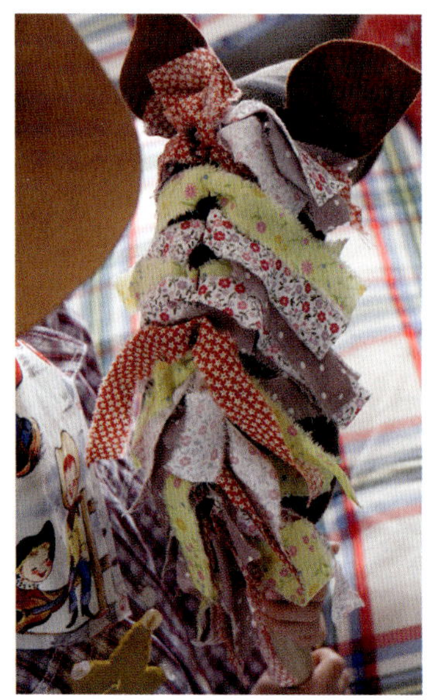

4. Verwende die Vorlage auf Seite 123 nach der Anleitung auf Seite 116, um die Schablone für das Ohr auszuschneiden. Falte den Filz in der Mitte, stecke die Schablone darauf und schneide sie aus. Du erhältst zwei Ohren. Entferne Stecknadeln und Schablone. Beginne und beende die Naht mit einem Knoten und nähe die Ohren mit Vorstichen (siehe Seite 116) auf dem Kopf fest.

5. Schneide ein Stück Wolle ab und mache einen Knoten an ein Ende. Fädle den Faden in die große Nadel ein. Nähe nach der Anleitung auf Seite 118 zwei Knöpfe für die Augen an.

6. Verteile Bastelkleber auf dem Besenstiel. Schiebe den Stiel vorsichtig in den Pferdekopf und drücke die Socke fest darauf, damit sie hält. Binde einen doppelten Wollfaden um das Ende der Socke, mache einen Doppelknoten und eine Schleife, damit der Kopf noch sicherer hält.

Tipp:

Damit das Ende des Besenstiels nicht den Boden zerkratzt, nimmst die zweite Socke des Paares (oder eine einzelne Socke, die du verwenden darfst) und schneidest die Spitze ab. Fülle sie mit ein wenig Füllwatte. Ziehe sie über das untere Ende des Besenstiels und binde sie mit Wolle fest.

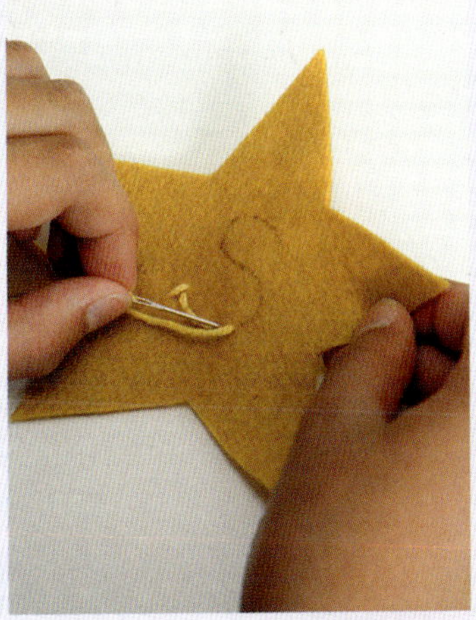

7. Verwende für den Sheriffstern die Vorlage auf Seite 124 und schneide eine Papierschablone aus. Falte den Filz in der Mitte, stecke die Schablone darauf und schneide sie aus. Entferne Stecknadeln und Schablone. Du hast jetzt zwei Sterne. Schneide ein Stück Stickgarn ab und mache einen Knoten an ein Ende. Fädle den Faden ein. Besticke einen der Sterne von der Rückseite aus mit Rückstichen (siehe Seite 116) mit einem „S“ für Sheriff oder deinen Initialen. Beende die Naht mit einem Knoten auf der Rückseite und schneide den Faden ab.

8. Schneide ein Stück Nähgarn ab und fädle den Faden ein. Fixiere den Faden mit ein paar kleinen Stichen in der Mitte des anderen Sterns. Lege die geschlossene Sicherheitsnadel darauf. Nähe über den starren Teil der Sicherheitsnadel, sodass Sicherheitsnadel und Stern fest miteinander verbunden sind. Beende die Naht mit ein paar Stichen und schneide den Faden ab.

9. Stecke die Sterne zusammen, sodass sie genau aufeinanderliegen. Nimm Nähnadel und Faden und nähe mit Überwendlichstichen (siehe Seite 117) einmal um den Stern herum. Beginne und beende die Naht mit ein paar kleinen Stichen.

10. Nähe an jede Spitze des Sterns einen kleinen Knopf (siehe Seite 118). Yeehaw! Und los geht's!

Mobiltelefon

Für dieses tolle Handy kannst du wunderbar deine Knopfsammlung verwenden, und wenn es fertig ist, kannst du damit viele wichtige Telefonate führen. Sticke Zahlen mit Rückstichen auf den Bildschirm oder nähe deinen Namen oder deine Initialen darauf. Du willst das Telefon an ein Baby verschenken? Dann nähst du bunte Filzkreise statt der Knöpfe auf, das ist kuschelig und sieht fröhlich aus.

Das brauchst du:

Papier und Bleistift für die Schablonen
Schere
Stecknadeln
Filz in vier Farben
Stickgarn und -nadel
Füllwatte
10 Knöpfe

1. Verwende die Vorlage auf Seite 121 nach der Anleitung auf Seite 116, um zwei Schablonen für den Telefonkörper auszuschneiden und je eine für Bildschirm, Tastatur und Vorderseite. Stecke die Schablonen auf den Filz und schneide sie aus. Entferne Stecknadeln und Schablone.

2. Für das Display schneidest du ein Stück Stickgarn ab und machst einen Knoten an ein Ende. Fädle den Faden ein. Nähe von der Unterseite des Filzes aus mit Rückstichen (siehe Seite 116) Zahlen, z. B. 1, 2, 3 oder Buchstaben, z. B. deinen Namen, darauf. Beende die Naht mit einem Knoten auf der Rückseite und schneide den Faden ab.

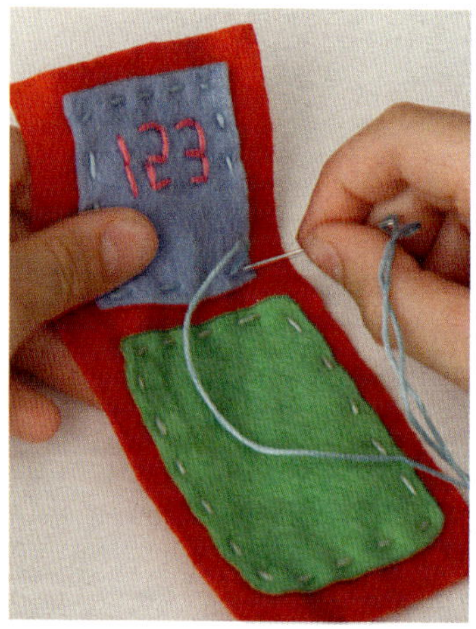

3. Stecke Bildschirm und Tastatur auf die Vorderseite des Telefons. Mache einen Knoten auf der Rückseite und nähe sie dann mit Vorstichen (siehe Seite 116) darauf fest. Mache am Ende einen Knoten auf der Rückseite und schneide den Faden ab. Entferne die Stecknadeln.

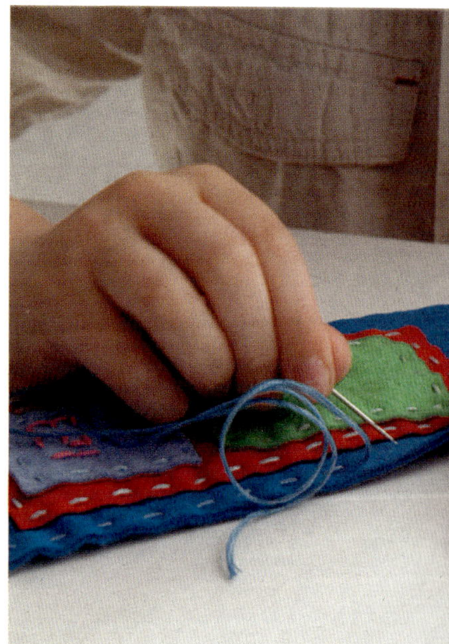

4. Stecke die Konsole aus Schritt 3 auf eines der Teile für den Telefonkörper und nähe sie mit Vorstichen fest. Entferne die Stecknadeln. Stecke das andere Teil für den Telefonkörper auf die Rückseite des ersten und nähe sie mit Vorstichen zusammen. Lasse eine kleine Öffnung an der Seite für die Füllwatte. Entferne die Stecknadeln.

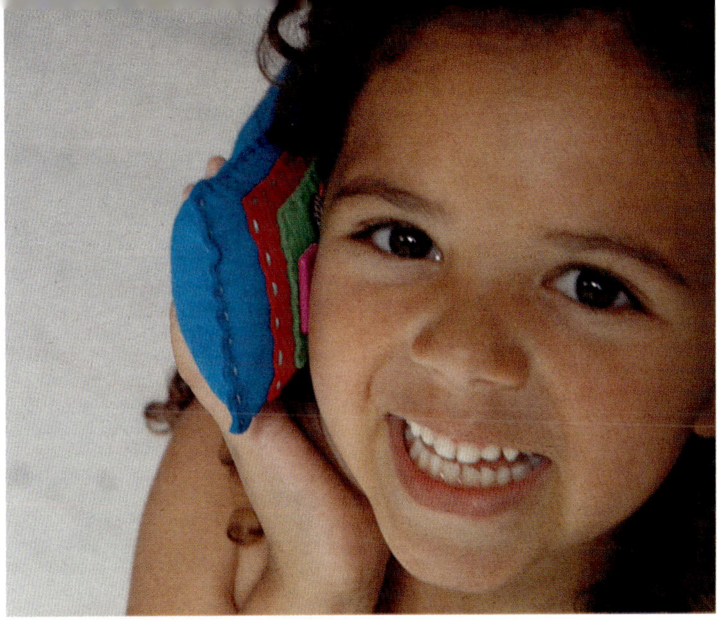

5. Fülle das Handy, indem du die Füllwatte bis in die Ecken stopfst (siehe Seite 115).

6. Nähe die Öffnung zu. Nähe neun bunte Knöpfe nach der Anleitung auf Seite 118 auf die Tastatur.

Tiermütze

Diese pelzigen Tiermützen sind so kuschelig, dass du sie gar nicht wieder absetzen willst. Fellimitat in vielen verschiedenen Mustern gibt es in Stoffgeschäften. Es macht großen Spaß, damit zu arbeiten, es franst nicht aus und lässt sich leicht schneiden. Du kannst auch einen Schwanz dazu machen. Schneide einfach einen Streifen Fell ab und nähe ihn an ein Stück Band, das lang genug ist, um es um deine Taille zu binden.

Das brauchst du:

Papier und Bleistift für die Schablonen
Schere
Stecknadeln
Fellimitat
Filzreste
Nähnadel und Faden

1. Verwende die Vorlagen auf Seite 119 nach der Anleitung auf Seite 116, um Papierschablonen für die Vorderseite der Mütze, die Rückseite und für das Bärenohr auszuschneiden. Stecke die Schablonen auf das Fellimitat (es ist einfacher, die Schablone auf die Rückseite zu stecken) und schneide sie aus. Du brauchst vier Ohren. Entferne anschließend Stecknadeln und Schablonen und lege die Teile für Vorder- und Rückseite zur Seite.

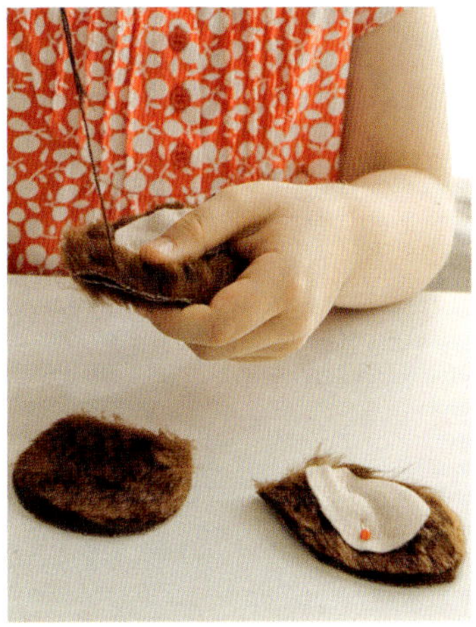

2. Verwende die Vorlage auf Seite 119 und schneide die Schablone für das Innere des Bärenohrs aus. Stecke die Schablone auf den Filz und schneide zwei Ohren aus. Stecke auf zwei der Fellohren je ein Filzohr. Schneide ein Stück Faden ab und mache einen Knoten an ein Ende. Fädle den Faden ein. Nähe das Filzohr von der Rückseite des Fellohrs mit Vorstichen (siehe Seite 116) fest. Beende die Naht mit einem Knoten auf der Rückseite. Schneide den Faden ab. Entferne die Stecknadeln. Nähe die beiden anderen Fellohren mit Vorstichen auf die Rückseite dieser kuscheligen Ohren.

3. Lege die Rückseite der Fellmütze flach auf den Tisch, die Fellseite zeigt nach oben. Lege die Ohren so auf das Fell, dass die geraden Ränder am oberen Rand der Rückseite anliegen und stecke sie fest. Mache einen Knoten an den Faden und nähe die Ohren von der Rückseite der Mütze aus mit Vorstichen an. Beende die Naht mit einem Knoten auf der Rückseite und schneide den Faden ab. Entferne die Stecknadeln.

4. Lege die Vorderseite der Mütze auf die Rückseite, die Fellseiten zeigen zueinander. Stecke die beiden Lagen zusammen und lasse dabei den flachen Rand offen. Nähe sie mit Vorstichen zusammen und beginne und beende die Naht mit ein paar kleinen Stichen. Drehe die Mütze auf rechts und setze sie auf! Möchtest du auch eine Tigermütze nähen? Dann verwende die Vorlagen für das Tigerohr auf Seite 119.

Diadem & Zauberstab

Mit diesem wunderbaren Diadem und dem niedlichen Schmetterlingsstab bist du die schönste Elfe auf dem Märchenball. Schneide Edelsteine aus Filz oder nähe Perlen und Pailletten darauf, für ein wenig Glanz. (Du kannst so auch eine Prinzessinnenkrone machen. Nimm einfach goldfarbenen Filz, Formen aus Filz und Knöpfe.) Probiere das Diadem an, bevor du die Enden zusammennähst, damit es auch passt.

Das brauchst du für das Diadem:

Papier und Bleistift für die Schablonen
Schere
Filz
Stecknadeln
Filzreste für die Edelsteine
Stickgarn und -nadel

1. Verwende die Vorlagen auf Seite 122 nach der Anleitung auf Seite 116, um eine Schablone für das Diadem auszuschneiden. Falte den Filz in der Mitte und stecke die Schablone so darauf, dass die Falzlinie auf dem Falz des Filzes liegt (siehe Seite 116). Schneide zwei dieser Formen mit der Schere aus. Entferne Stecknadeln und Schablonen.

2. Schneide zwei Edelsteine aus. Du kannst die Vorlagen auf Seite 119 verwenden oder deine eigenen zeichnen. Auf dem Diadem im Bild sind fünf Edelsteine. Du kannst das Diadem mit so vielen Edelsteinen besticken, wie du möchtest. Stecke die Edelsteine auf eines der Teile für das Diadem. Schneide Stickgarn ab und mache einen Knoten an ein Ende. Fädle den Faden ein. Nähe die Edelsteine von der Rückseite des Diadems aus mit Überwendlichstichen (siehe Seite 118) fest. Beende die Naht mit einem Knoten auf der Rückseite.

3. Stecke die Teile für das Diadem zusammen. Nimm Stickgarn und nähe die Teile mit Vorstichen (siehe Seite 116) zusammen. Beginne und beende die Naht mit Knoten auf der Rückseite.

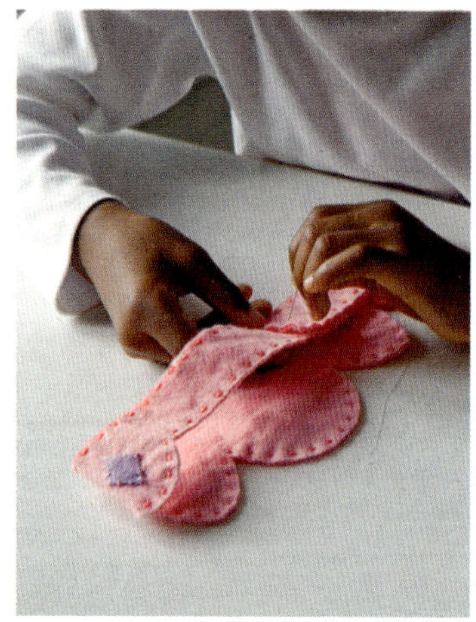

4. Setze das Diadem auf, um zu sehen, ob es passt, die Enden kannst du soweit übereinander schieben, dass es gut sitzt und nicht runterfällt. Nimm das Diadem ab und halte es dabei an der Stelle fest, an der die Enden überlappen sollen. Nähe die Enden des Diadems an dieser Stelle mit ein paar Stichen zusammen. Beginne und beende die Naht mit ein paar kleinen Stichen auf der Innenseite.

Das brauchst du für den Zauberstab:

Filz in zwei Farben
Pailletten und Perlen
Nähnadel und Faden
Holzstäbchen
(Achte darauf, dass die Enden nicht spitz sind!)
Bastelkleber
Bänder

Abwandlung:

Anstatt den Schmetterling an dem Holzstäbchen zu befestigen, kannst du auch eine hübsche Brosche daraus machen. Folge den Anleitungen in Schritt 7 auf Seite 99 und nähe eine Sicherheitsnadel auf die Rückseite. Die fertige Brosche kannst du dann an deiner Lieblingsjacke oder -tasche anbringen oder an etwas anderem, von dem du denkst, dass es mit einem flatternden Freund wunderbar aussieht.

Der Zauberstab

1. Verwende die Vorlagen auf Seite 120, um Papierschablonen für Flügel und Körper des Schmetterlings auszuschneiden. Falte eines der Filzstücke in der Mitte. Stecke die Schablone für die Flügel darauf, die Längsseite liegt auf dem Falz (siehe Seite 116). Schneide die Form aus. Wiederhole dies für das zweite Paar Flügel. Entferne Stecknadeln und Schablone.

2. Verziere deinen Stab mit Perlen und Pailletten, die du mit Nähnadel und Faden auf eines der Flügelpaare nähst (siehe Seite 118). Dann faltest du den Filz in der zweiten Farbe in der Mitte, steckst die Schablone für den Schmetterlingskörper darauf und schneidest ihn aus. So erhältst du zwei Filzkörper. Entferne Stecknadeln und Schablone.

3. Stecke die Flügelstücke zusammen und stecke je ein Körperstück auf Rück- und Vorderseite der Flügel in die Mitte. Schneide ein Stück Stickgarn ab und mache einen Knoten an ein Ende. Fädle den Faden ein. Beginne mit einem Knoten auf der Rückseite des Schmetterlings und nähe die Flügel- und Körperteile mit Vorstichen (siehe Seite 116) zusammen. Lasse am unteren Ende des Körpers eine Öffnung. Beende die Naht mit einem Knoten auf der Rückseite. Schneide den Faden ab und entferne die Stecknadeln.

4. Schiebe das Holstäbchen in den Körper des Schmetterlings und klebe ihn mit ein wenig Bastelkleber fest. Binde Bänder um den Stab und klebe sie mit Klebstoff fest.

Clownshut & -kragen

Manege frei für den Clown! Wenn es ganz schnell gehen soll, kannst du auch drei große Knöpfe oder Filzkreise auf den Hut nähen, anstatt Pompons zu machen. Fleecestoff lässt sich sehr leicht verarbeiten, da er nicht ausfranst und gut die Form behält. Das ist wichtig, weil dein Hut schön gerade stehen soll.

Das brauchst du:

Papier und Bleistift für die Schablonen
Schere
Klebeband
Fleece
Stecknadeln
Nähnadel und Faden
Zackenlitze
Bleistift und Zirkel
Lineal
Karton (eine leere Müslipackung eignet sich gut dafür)
Strickwolle in drei Farben für die Pompons
Nadel mit großem Öhr
Stoff für den Kragen
Zackenschere
Sicherheitsnadel
Etwa 3 mm breites Gummiband

1. Verwende die Vorlage auf Seite 126 nach der Anleitung auf Seite 116, um zwei Schablonen für den Clownshut auszuschneiden. Klebe sie an der gestrichelten Linie zusammen, so erhältst du eine große Schablone. Falte den Fleecestoff in der Mitte, stecke die Schablone darauf und schneide sie aus. Entferne Stecknadeln und Schablone. Du hast jetzt zwei Fleeceformen für deinen Clownshut.

2. Stecke die beiden Fleecestücke an den geraden Seiten zusammen. Schneide einen Faden ab und fädle ihn ein. Beginne die Naht mit ein paar kleinen Stichen und nähe mit Rückstichen (siehe Seite 116) die beiden geraden Seiten entlang. Beende die Naht mit ein paar kleinen Stichen und schneide den Faden ab.

3. Drehe den Hut auf rechts. Stecke eine Länge Zackenlitze etwa 1 cm vom unteren Rand des Hutes entfernt fest, die Enden sollten leicht überlappen. Beginne und beende die Naht mit ein paar kleinen Stichen und nähe die Zackenlitze mit Vorstichen (siehe Seite 116) fest. Entferne die Stecknadeln und schneide den Faden ab.

4. Stelle den Zirkel auf 3 cm und zeichne für die Pompons zwei Kreise auf Karton. Sie haben dann beide einen Durchmesser von 6 cm. Stelle den Zirkel auf 1 cm und zeichne einen kleinen Kreis in die Mitte der beiden großen Kreise. Schneide entlang der beiden Kreislinien aus, sodass du zwei breite Ringe erhältst. Lege die beiden Ringe aufeinander und wickle solange Wolle darum (siehe Seite 118), bis das Loch in der Mitte voll ist. Mache nach der Anleitung auf Seite 118 drei Pompons in verschiedenen Farben.

5. Nimm ein Ende der um die Mitte des Pompons gebundenen Wolle und fädle es in die Nadel mit dem großen Öhr ein. Nähe damit den Pompon auf die Vorderseite des Hutes und achte darauf, dass du nur durch eine Lage nähst. Stich mit der Nadel ein paar Mal durch die Mitte des Pompons und durch den Hut, um den Pompon zu fixieren. Mache am Ende einen Knoten auf der Innenseite und schneide den Faden ab. Wiederhole dies für die anderen Pompons. Jetzt kannst du deinen Hut bereits aufsetzen!

6. Für den Kragen nimmst du den Stoff und zeichnest mit Bleistift und Lineal ein etwa 110 cm langes und 16 cm breites Rechteck darauf. Schneide den Stoff mit der Zackenschere aus. Falte eine Längsseite des Stoffes etwa 2,5 cm nach innen und stecke sie fest. Nimm Nähnadel und Faden und nähe mit Vorstichen nah am unbearbeiteten Rand entlang. So bildet sich eine Bahn entlang des Stoffes. Entferne die Stecknadeln und schneide den Faden ab.

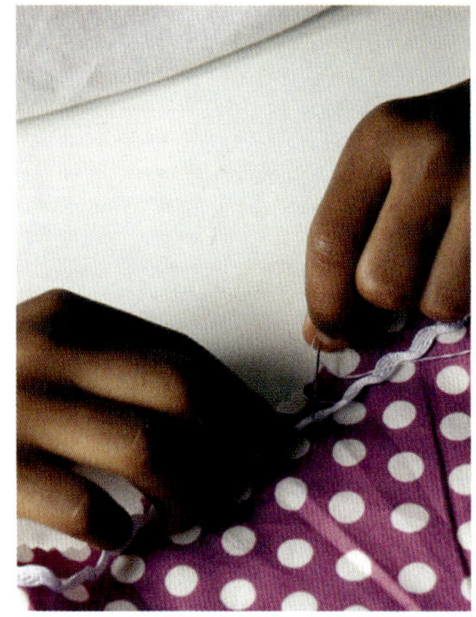

7. Du kannst den Kragen verzieren, indem du Zackenlitze (das Stück muss so lang sein wie der Kragen) etwa 1 cm oberhalb des unteren Randes anbringst. Nähe die Zackenlitze mit Vorstichen fest. Beginne und beende die Naht mit ein paar kleinen Stichen und schneide den Faden ab.

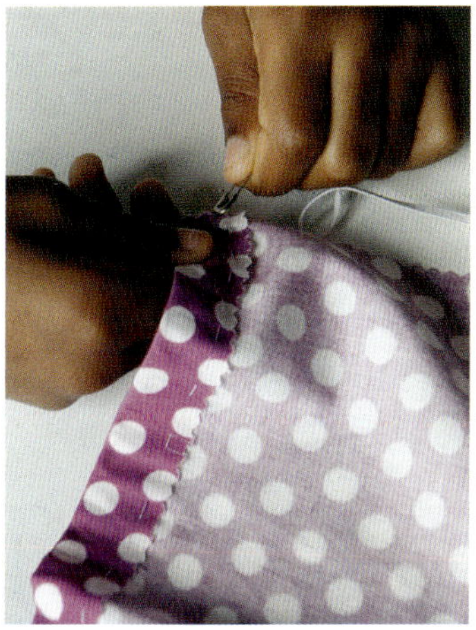

8. Schneide ein etwa 40 cm langes Stück Gummiband ab und befestige eine Sicherheitsnadel an einem Ende. Führe die Nadel durch die Bahn im Stoff, raffe dabei den Stoff zusammen und halte das andere Ende des Gummibandes gut fest. Führe die Sicherheitsnadel durch, bis sie am anderen Ende wieder herauskommt.

9. Ziehe an beiden Enden des Gummibandes und entferne die Sicherheitsnadel. Knote die Enden zusammen und glätte den Stoff.

Feenflügel

Flatterhaft? Diese wunderhübschen Flügel lassen sich ganz leicht herstellen und sind genau richtig für junge Schmetterlinge und Feen. Kleine Hände brauchen aber möglicherweise noch Hilfe beim Raffen des Tülls. Du kannst die Flügel mit Schleifchen oder Glitterglue wunderbar verzieren, oder sie einfach pur lassen, wenn es schnell gehen soll.

Das brauchst du:

Tüll in Rosa, 150 cm lang in der Standardbreite
Stecknadeln
Schere
Breites rosa Band für die Flügel, mindestens 2,6 m
Stickgarn und -nadel
Schmales Band für die Schleifchen

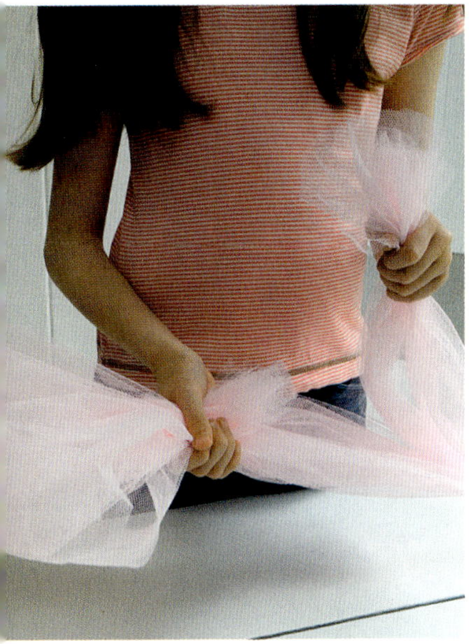

1. Lege den Tüll auf den Tisch (oder den Boden) und raffe ihn in einer Art langer Wurst zusammen. Falte die Enden in die Mitte, sodass sie leicht überlappen. Stecke sie fest.

2. Schneide ein etwa 18 cm langes Stück von dem breiten rosa Band ab. Binde es um die Mitte des Tülls, entferne die Stecknadeln aus dem Stoff und stecke das Band fest.

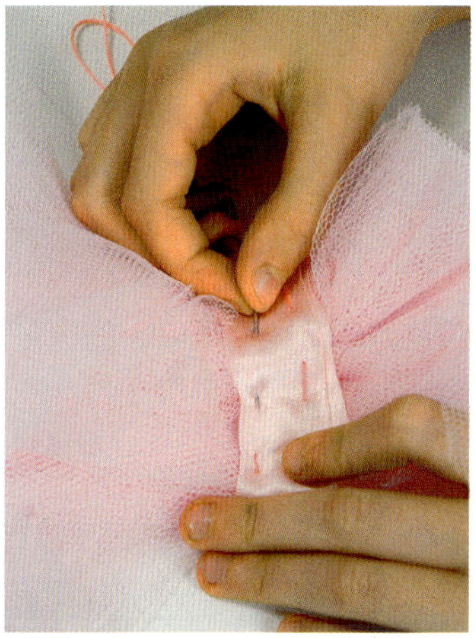

3. Schneide ein Stück Stickgarn ab und mache einen Knoten an ein Ende. Fädle den Faden ein. Nähe von der Unterseite aus durch alle Lagen, sodass das Band gut hält. Schneide den Faden ab und entferne die Stecknadeln.

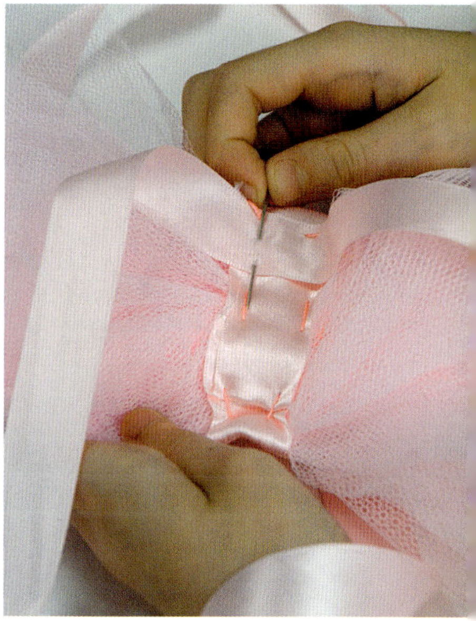

4. Schneide ein 2,4 m langes Stück von dem breiten rosa Band ab. Nähe die Mitte des Bandes mit ein paar kleinen Stichen waagerecht auf das Band, das du in Schritt 3 um den Tüll genäht hast. Beginne und beende die Naht mit einem Knoten. Schneide den Faden ab.

5. Schneide das schmale Band in etwa 30 lange Stücke und binde daraus Schleifchen. Mache einen Knoten an ein Ende des Stickgarns und nähe ein Schleifchen von der Unterseite aus auf den Flügel, indem du ein paar Mal durch den Tüll und das Schleifchen stichst. Mache am Ende einen weiteren Knoten auf der Unterseite. Schneide den Faden ab. Nähe die anderen Schleifchen auf die Flügel.

6. Um die Flügel zu tragen, bitte jemanden, sie dir an den Rücken zu halten. Ziehe die Enden des breiten rosa Bandes über deine Schulter und überkreuze sie auf deiner Brust. Binde sie um deinen Rücken und führe sie wieder nach vorne, wo du sie in einer hübschen Schleife bindest.

Allgemeine Anleitung

Dein Nähset

Bevor du mit dem Nähen anfangen kannst, brauchst du ein Nähset. Mit ein paar wichtigen Hilfsmitteln in einer kleinen Schachtel oder einem Korb hast du alles zur Hand, was du für deine nächste Näharbeit brauchst. Nähkörbe gibt es in Kurzwaren- oder Bastelläden, oder du machst selbst einen nach der Anleitung auf Seite 78.

Scheren Am besten sind zwei Scheren, eine Stoffschere, schön sauber und scharf, und eine Papierschere.

Maßband Du brauchst ein Maßband oder ein Lineal, um Längen abzumessen und zu prüfen.

Stecknadeln Mit Stecknadeln werden Stofflagen während des Nähens zusammengehalten. Du bewahrst sie am besten in einem Nadelkissen auf, wenn du sie nicht verwendest (Schau mal auf Seite 76).

Sicherheitsnadeln Sicherheitsnadeln sind nützlich, um Bänder oder Gummizüge einzuziehen.

Nähnadeln Nähnadeln gibt es in unterschiedlichen Größen, je nach Stoff und Faden. Am besten kaufst du einen Satz verschieden großer Nadeln, so hast du immer die passende zur Hand.

Einfädler Die gibt es im Kurzwaren- oder Bastelgeschäft. Sie sind nicht unentbehrlich, aber nützlich.

Stift Unentbehrlich, um die Position von Knöpfen oder Perlen anzuzeichnen. In Kurzwarengeschäften gibt es selbstlöschende Stifte, sie sind nützlich, da die Markierungen nach ein paar Minuten verschwinden.

Knöpfe Lege dir eine Sammlung übriggebliebener Knöpfe an, die du in einem Glas oder einer Dose sammelst. So hast du immer Knöpfe zur Hand, wenn du welche brauchst. Sammle Knöpfe von Kleidung, die zu abgetragen ist, um weitergegeben zu werden und schau dich auf Flohmärkten und in Secondhand-Läden um. Dort findet man oft ganze Dosen oder Tüten voller Knöpfe.

Band und Borte Mit ihnen kann man Näharbeiten sehr hübsch abschließen. Hebe Geschenkbänder auf – schon kleine Stücke können nützlich sein. Sammle alle Reste, die du in die Finger bekommst.

Stoffe In Stoffgeschäften gibt es Unmengen von Stoffen in vielen tollen Farben und mit verschiedenen Mustern. Baumwolle, Filz und Fleece kannst du einfach bearbeiten und toll für Näharbeiten verwenden. Du kannst deine alte Kleidung wiederverwenden, auch alte Socken und Handschuhe.

Bedruckte Baumwollstoffe haben eine Vorder- und eine Rückseite. Die Seite mit dem Muster ist die Vorderseite (rechts), die Seite ohne Muster die Rückseite (links).

Füllwatte Es gibt sie im Kurzwarengeschäft und man füllt damit Stofftiere und gepolsterte Näharbeiten. Um eine Näharbeit zu füllen, ist es besser, kleinere Mengen der Füllwatte abzureißen, als große Mengen auf einmal hineinzustopfen. Wenn nötig, kannst du die Watte mit dem stumpfen Ende eines Stiftes oder einer Stricknadel in Ecken und enge Stellen stopfen.

Wie man eine Schablone verwendet

Dieses Buch enthält viele Vorlagen für Näharbeiten. Um diese zu verwenden, brauchst du Pauspapier oder dünnes Papier, durch das du durchsehen kannst, und einen Stift oder Bleistift. Zeichne die Vorlage nach, die du verwenden willst, und schneide sie aus. Dann steckst du entweder diese Schablone auf den Stoff oder zeichnest sie auf dickerem Papier noch einmal nach. Das kannst du einfacher verwenden und es hält länger. Stecke die Schablone auf den Stoff. Der Stoff darf keine Falten werfen. Lege die Schablone nah am Rand an, um keinen Stoff zu verschwenden. Wenn du zwei Teile in derselben Form brauchst, falte den Stoff in der Mitte und stecke die Schablone darauf fest. Einige Schablonen haben eine gestrichelte Linie an einer Seite. Um sie zu verwenden, faltest du den Stoff in der Mitte und steckst die Schablone so darauf fest, dass die gestrichelte Linie am Falz des Stoffes anliegt. Damit wird die ausgeschnittene Form verdoppelt. Schneide die Schablone so exakt wie möglich aus und entferne dann Stecknadeln und Schablone.

Einen Faden einfädeln

Zuerst brauchst du die richtige Nähnadel für die vorliegende Näharbeit. Du musst feststellen, ob das Nadelöhr (das Loch am oberen Ende der Nadel) groß genug für den Faden ist, den du verwendest. Schneide ein etwa 65 cm langes Stück Faden ab. Drücke das Ende des Fadens leicht zwischen deinen Fingern platt und stecke es dann durch das Nadelöhr. Wenn du Stickgarn verwendest, schneidest du das Ende ab, damit es schön stumpf ist. Du kannst deine Arme gegen den Tisch lehnen, um es dir leichter zu machen. Ziehe etwa 15 cm des Fadens durch das Öhr. Jetzt kannst du anfangen zu nähen.
Im Kurzwarenladen gibt es Einfädler zu kaufen, die das Einfädeln erleichtern. Nimm den Einfädler und stecke den Drahtteil durch das Nadelöhr. Führe das Ende des Fadens durch den Draht und ziehe den Einfädler wieder zurück durch das Öhr: Der Faden wird mitgezogen.

Eine Naht beginnen und beenden

Es ist wichtig, Näharbeiten ordentlich zu beginnen und zu beenden, damit die Naht nicht aufreißt. Wenn du Stickgarn verwendest, nimm das Garn und mache nahe am Ende zwei Knoten übereinander. Schneide das Ende bei etwa 5 mm ab. Gehe mit der Nadel unter den Stoff und führe sie an der Stelle nach oben durch, wo die Naht beginnen soll. Dann nähst du mit dem Stich weiter, den du ausgesucht hast. Zum Schluss machst du einen Knoten an der Unterseite des Stoffes und schneidest den Faden ab.
Wenn du Nähgarn verwendest, machst du auf der Rückseite des Stoffes ein paar kleine Stiche übereinander. Dann führst du die Nadel durch den Stoff nach vorne, um mit dem Nähen zu beginnen.

Vorstich oder Heftstich

Dies ist der einfachste Stich und er kann sowohl für Stickereien verwendet werden als auch, um zwei Lagen Stoff zu verbinden. Du beginnst mit ein paar kleinen Stichen oder einem Knoten, um den Faden zu fixieren. Dann führst du die Nadel ein Stückchen weiter vorn nach unten durch den Stoff und ziehst den Faden ganz durch. Danach führst du die Nadel ein Stückchen weiter von unten wieder durch den Stoff nach oben als würdest du weben. Du wiederholst das und erhältst so eine Reihe Stiche. Die Stiche sollten klein und gerade sein. Beende die Naht mit ein paar kleinen Stichen oder einem Knoten.

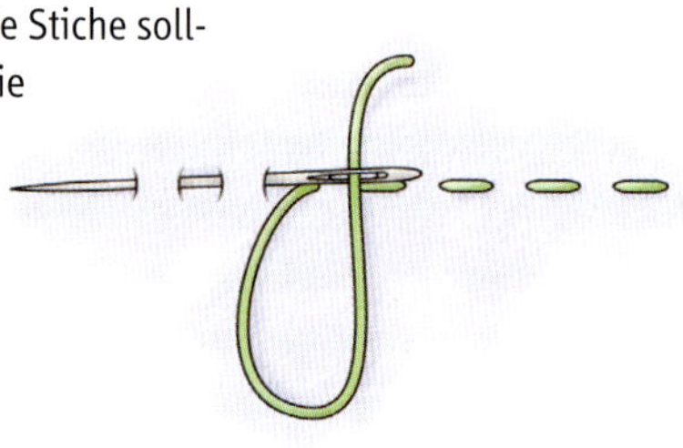

Rückstich oder Steppstich

Der Rückstich ist ein sehr nützlicher Stich, er ist stabil und ähnelt den Stichen einer Nähmaschine. Führe die Nadel durch den Stoff nach vorne, stecke sie wieder ein und führe sie links davon wieder durch den Stoff. Ziehe den Faden ganz durch und führe die Nadel eine Stichlänge rechts neben dem ersten Stich wieder durch den Stoff. Führe die Nadel am Ende des ersten Stiches wieder ein und nähe so eine akkurate Naht.

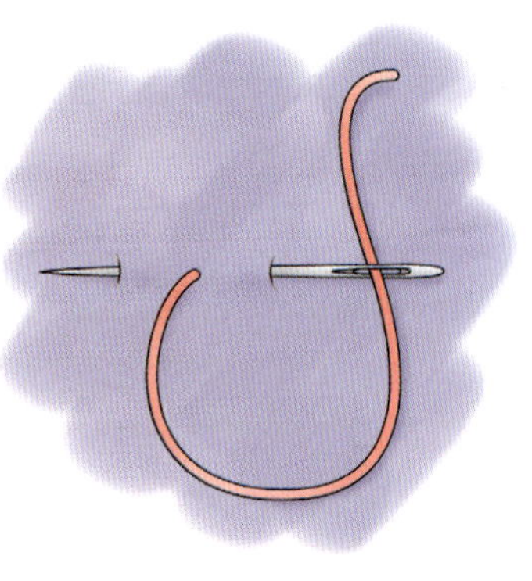

Kettenstich

Das ist ein sehr hübscher Stich, der als gerade Naht geführt werden kann oder als Margeritenstich. Stecke die Nadel durch den Stoff nach vorne (auf der Rückseite hast du einen Knoten gemacht) und führe sie neben dem Faden wieder zurück. Lasse eine kleine Schlinge im Faden, führe die Nadel von unten durch die Schlinge und ziehe den Faden durch. Wenn du diesen Stich von rechts nach links weiternähst, erhältst du eine einfache Kettennaht. Wenn du fünf oder sechs Kettenstiche in einem kleinen Kreis anordnest, erhältst du einen Margeritenstich. Zum Schluss machst du einen Knoten auf der Rückseite des Stoffes oder ein paar kleine Stiche.

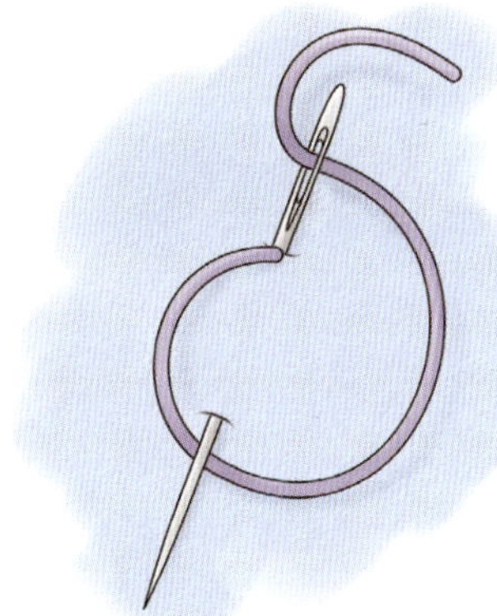
1

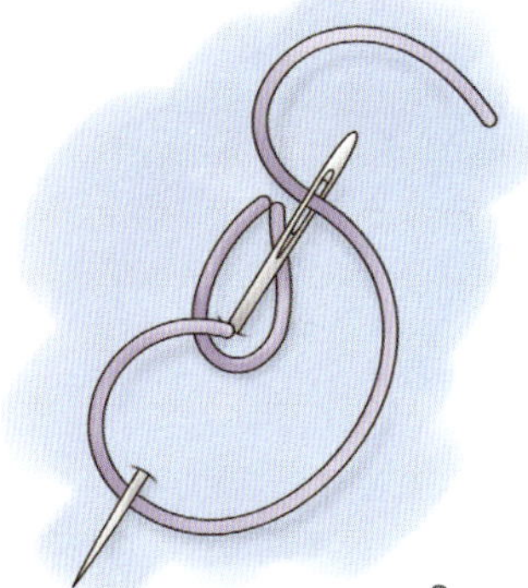
2

Knopflochstich

Mit diesem Stich versieht man Stoffe mit einer dekorativen Einfassung. Du machst einen Knoten an ein Ende des Fadens und steckst den Faden an einem der Ränder durch den Stoff. Dann führst du die Nadel ein kleines Stück vom Rand entfernt durch den Stoff zurück und machst eine Schlinge unter der Nadel. Ziehe Nadel und Faden für den ersten Stich ganz durch (so weit wie möglich). Den nächsten Stich setzt du rechts vom ersten und machst erneut eine Schlinge unter der Nadel. Diesen Stich nähst du den Stoff entlang. Am Schluss fixierst du die Naht mit einem Knoten oder ein paar kleinen Stichen.

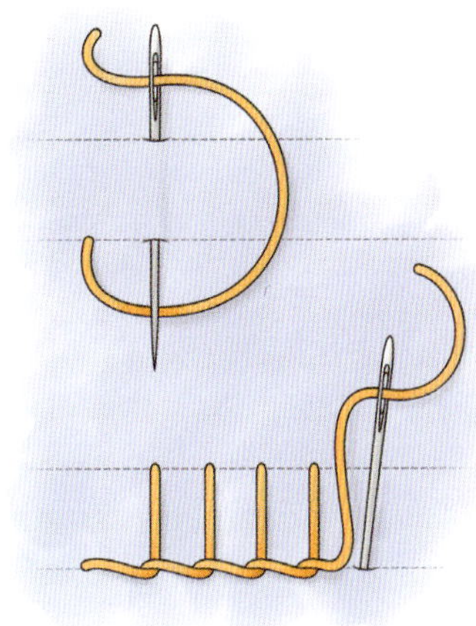

Überwendlichstich oder Staffierstich

Mit diesem Stich näht man Lagen zusammen und schließt Lücken in Säumen. Beginne mit einem Knoten oder ein paar kleinen Stichen. Führe die Nadel ein paar Millimeter vom Rand entfernt nach vorne durch beide Stofflagen und ziehe den Faden durch. Gehe mit der Nadel zurück zur Unterseite des Stoffes und mache einen weiteren Stich daneben, ein Stück von dem ersten entfernt. Nähe auf dies Art weiter, mache am Ende einen Knoten oder ein paar Stiche und schneide den Faden ab.

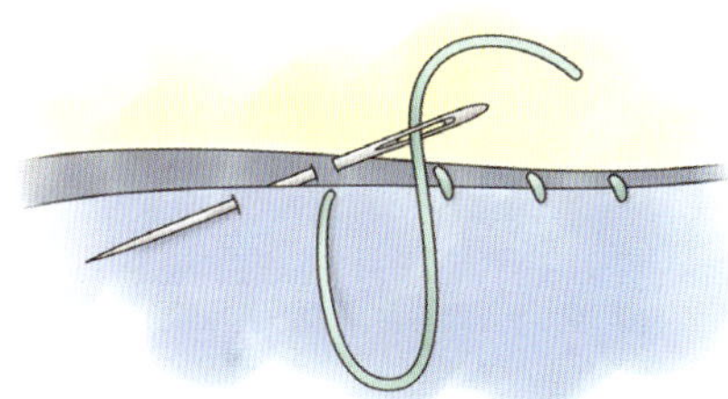

Kreuzstich

Der Kreuzstich ergibt eine hübsche, dekorative Naht. Du kannst mit dem Kreuzstich allein oder in Kombination mit anderen Stichen Bilder und hübsche Ränder für deine Näharbeiten anfertigen.

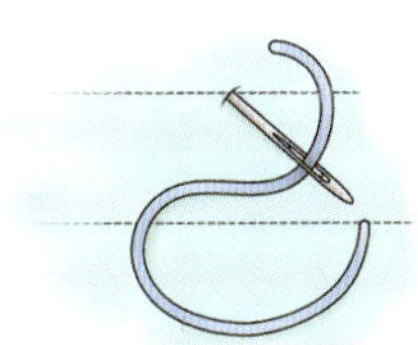

1 Mache einen Knoten in den Faden und führe die Nadel von hinten durch den Stoff nach vorne. Als Nächstes führst du die Nadel so in den Stoff, dass ein diagonaler Stich entsteht.

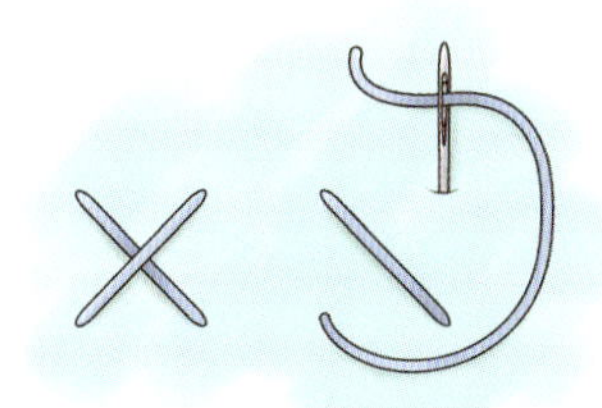

2 Führe die Nadel auf einer Linie mit dem unteren Punkt des ersten Stiches wieder nach vorne durch und mache einen weiteren diagonalen Stich, der den ersten kreuzt.

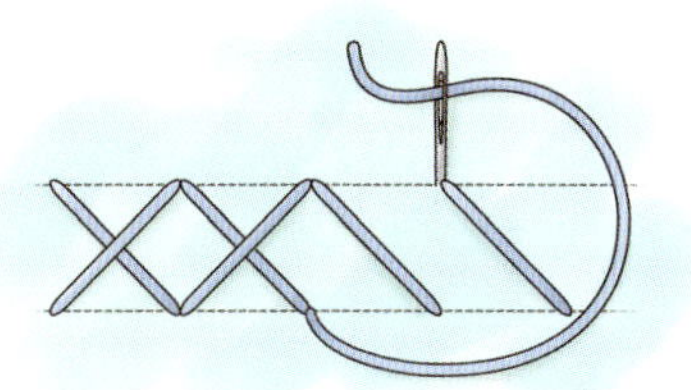

3 Wenn du eine ganze Naht aus Kreuzstichen nähen möchtest, nähe die Naht erst mit dem ersten diagonalen Stich von links nach rechts und führe dann den zweiten Stich von rechts nach links darüber. Du solltest die Kreuze immer in dieselbe Richtung machen. Beende die Naht mit einem Knoten an der Unterseite und schneide den Faden ab.

Französischer Knötchenstich

Mit diesem Stich erhältst du einen dekorativen Knoten. Mache einen Knoten in das Ende des Stickgarns und führe die Nadel von unten durch den Stoff nach vorne. Halte das Ende der Nadel in der rechten Hand und wickle den Faden einmal herum (zweimal für ein größeres Knötchen). Halte den Faden weiter fest während du die Nadel so nah wie möglich an der ersten Einstichstelle zurück durch den Stoff führst. Mache einen Knoten auf der Rückseite des Stoffes und schneide den Faden ab.

Wie man einen Pompon macht

Du schneidest zwei Kreise in der entsprechenden Größe aus Pappe und kleine Kreise in deren Mitte. Halte die beiden Scheiben aneinander und wickle Wolle darum, bis das innere Loch voll ist. Schneide mit einer Schere entlang des Randes des flauschigen Kreises, schiebe die Schere dabei zwischen die beiden Pappscheiben. Schneide einmal herum und ziehe eine doppelte Länge Wolle zwischen die Pappscheiben. Mache einen festen Knoten in die Wolle und lass einen langen Faden übrig. Ziehe die Pappscheiben von dem Pompon (du kannst die Scheiben auch mit der Schere abschneiden, wenn nötig). Richte die Pompons auf und beschneide sie ein wenig, sodass sie schön rund sind. Mit den langen Fadenenden kannst du den Pompon dann festnähen.

Einen Knopf annähen

Markiere die Stelle, an die du den Knopf setzen möchtest und mache ein paar kleine Stiche auf der Rückseite des Stoffes, um den Faden zu fixieren. Führe die Nadel von der Rückseite des Stoffes durch diese Stelle und durch eines der Knopflöcher zurück. Führe die Nadel durch das zweite Loch zurück und dann durch den Stoff. Wiederhole dies fünf- oder sechsmal. Die Einstiche der Nadel sollten nahe beieinander liegen, am besten zielst du von jedem Loch aus mit der Nadel Richtung Knopfmitte. Am Ende nähst du auf der Rückseite des Stoffes ein paar kleine Stiche übereinander und schneidest den Faden ab.

Perlen und Pailletten annähen

Perlen und Pailletten geben Näharbeiten den letzten Schliff. Beginne mit ein paar kleinen Stichen unterhalb der Stelle, an die die erste Perle genäht werden soll. Führe die Nadel durch die Perle oder Paillette und drücke die Perle oder Paillette flach auf den Stoff. Stecke die Nadel knapp unter der Perle oder Paillette in den Stoff und ziehe sie durch. Nähe genauso weiter, zum Schluss machst du ein paar kleine Stiche auf der Rückseite des Stoffes und schneidest den Faden ab. Damit die Pailletten besser halten, nähst du sie am besten mit zwei Stichen auf gegenüberliegenden Seiten fest.

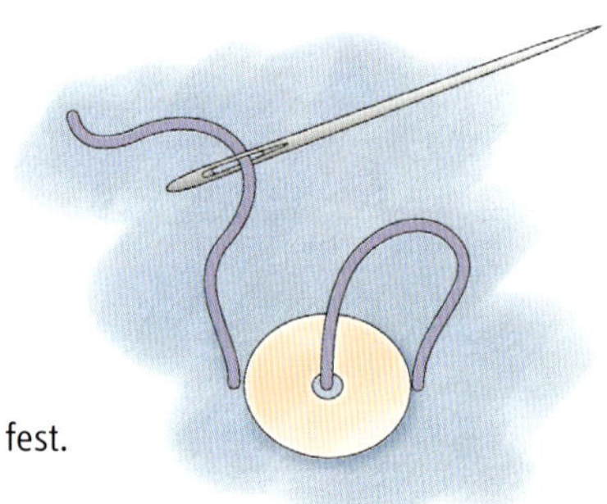

Wie man mit einem Stickrahmen arbeitet

Stickrahmen sind dazu da, deinen Stoff straff zu halten, während du stickst. Der Stoff wird zwischen zwei Reife gespannt, die eng zusammengezogen werden können, um lockere und leichte Stoffe schön glatt zu halten. So kannst du sie viel leichter bearbeiten.

Vorlagen

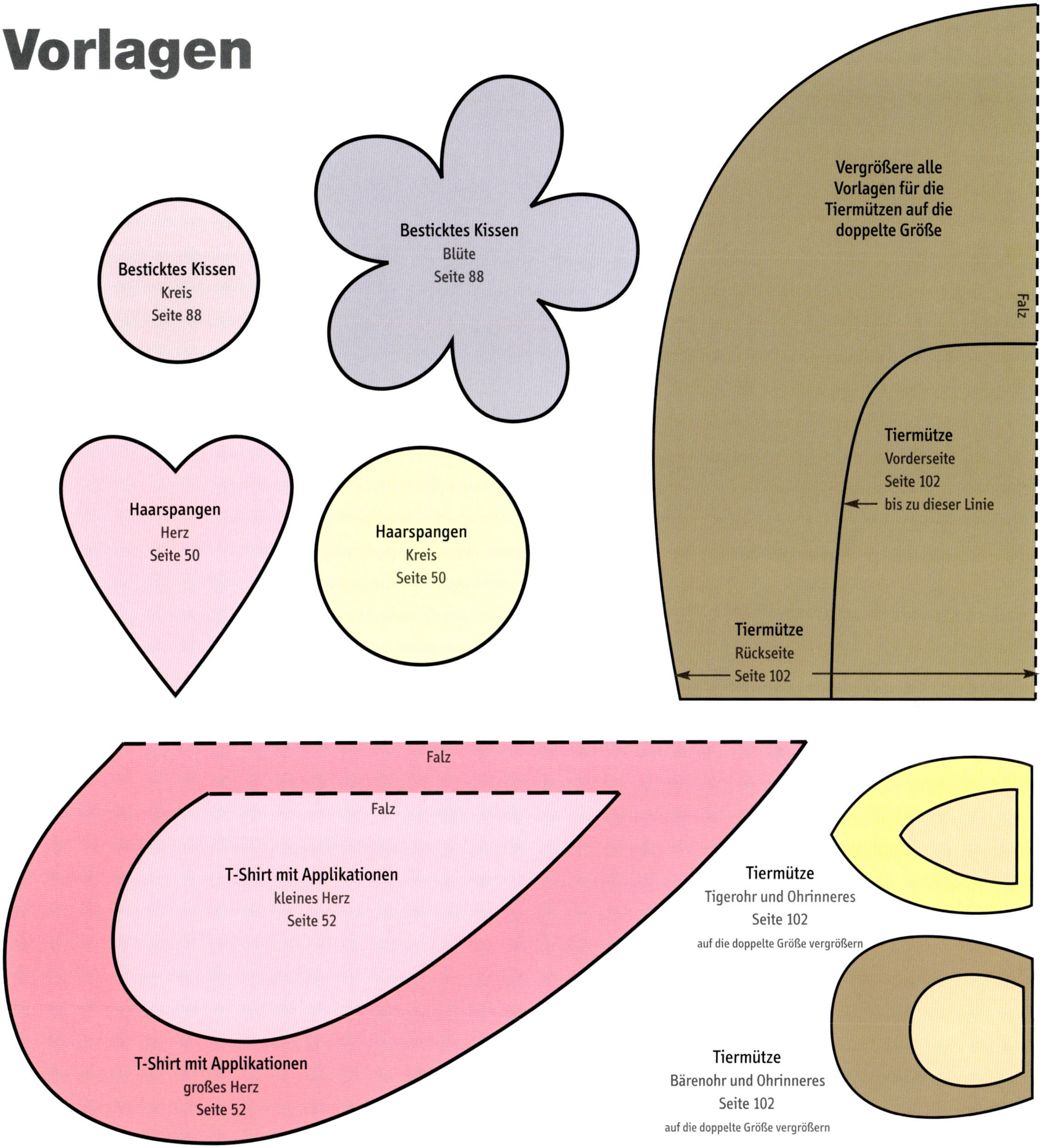
Bestticktes Kissen
Kreis
Seite 88
Bestticktes Kissen
Blüte
Seite 88
Vergrößere alle Vorlagen für die Tiermützen auf die doppelte Größe
Falz
Tiermütze
Vorderseite
Seite 102
bis zu dieser Linie
Haarspangen
Herz
Seite 50
Haarspangen
Kreis
Seite 50
Tiermütze
Rückseite
Seite 102
Falz
Falz
T-Shirt mit Applikationen
kleines Herz
Seite 52
T-Shirt mit Applikationen
großes Herz
Seite 52
Tiermütze
Tigerohr und Ohrinneres
Seite 102
auf die doppelte Größe vergrößern
Tiermütze
Bärenohr und Ohrinneres
Seite 102
auf die doppelte Größe vergrößern

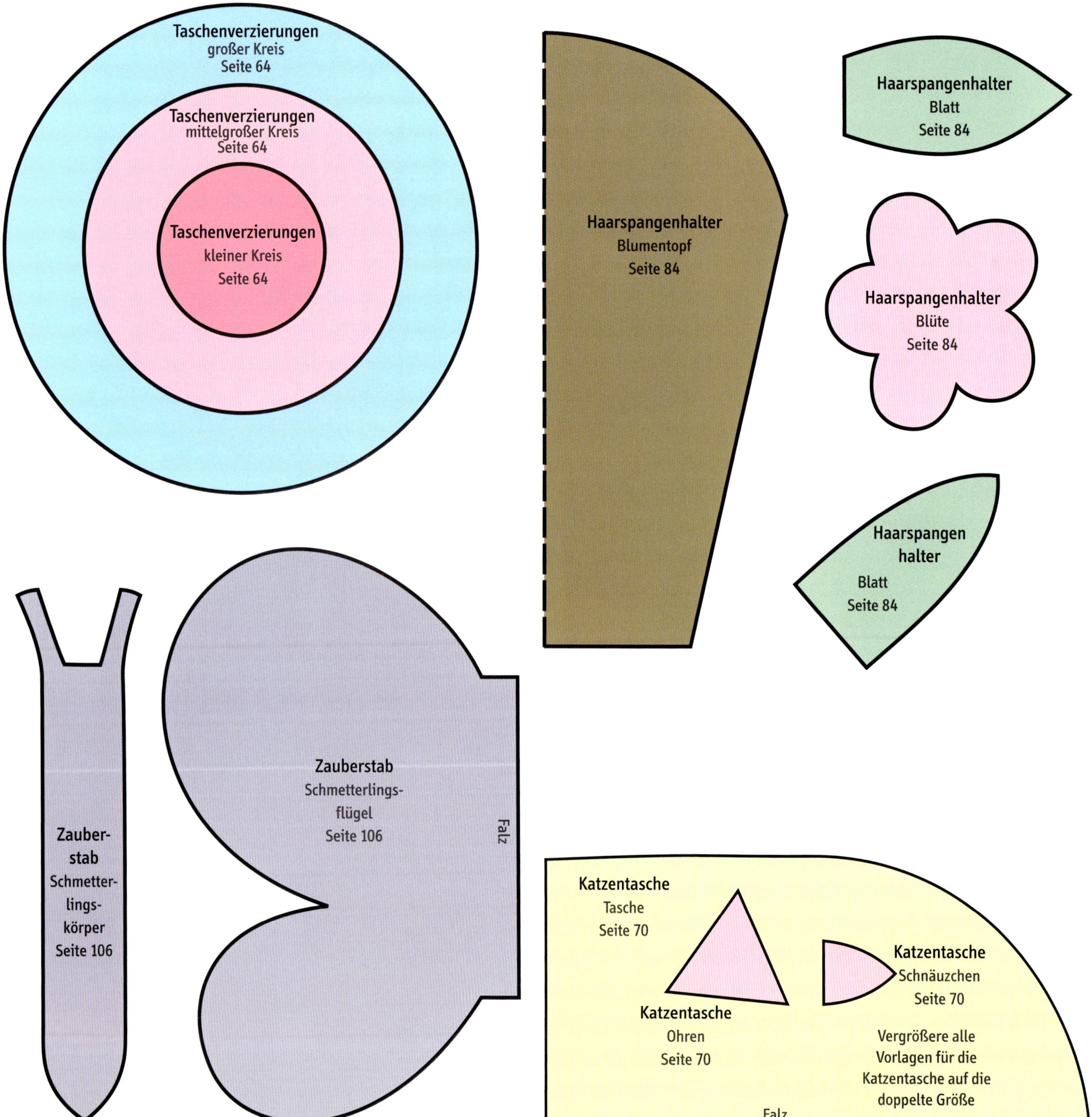
Taschenverzierungen
großer Kreis
Seite 64
Taschenverzierungen
mittelgroßer Kreis
Seite 64
Taschenverzierungen
kleiner Kreis
Seite 64
Haarspangenhalter
Blumentopf
Seite 84
Haarspangenhalter
Blatt
Seite 84
Haarspangenhalter
Blüte
Seite 84
Haarspangen
halter
Blatt
Seite 84
Zauber-
stab
Schmetter-
lings-
körper
Seite 106
Zauberstab
Schmetterlings-
flügel
Seite 106
Falz
Katzentasche
Tasche
Seite 70
Katzentasche
Ohren
Seite 70
Katzentasche
Schnäuzchen
Seite 70
Vergrößere alle
Vorlagen für die
Katzentasche auf die
doppelte Größe
Falz

Vergrößere alle Vorlagen für das Mobiltelefon auf die doppelte Größe

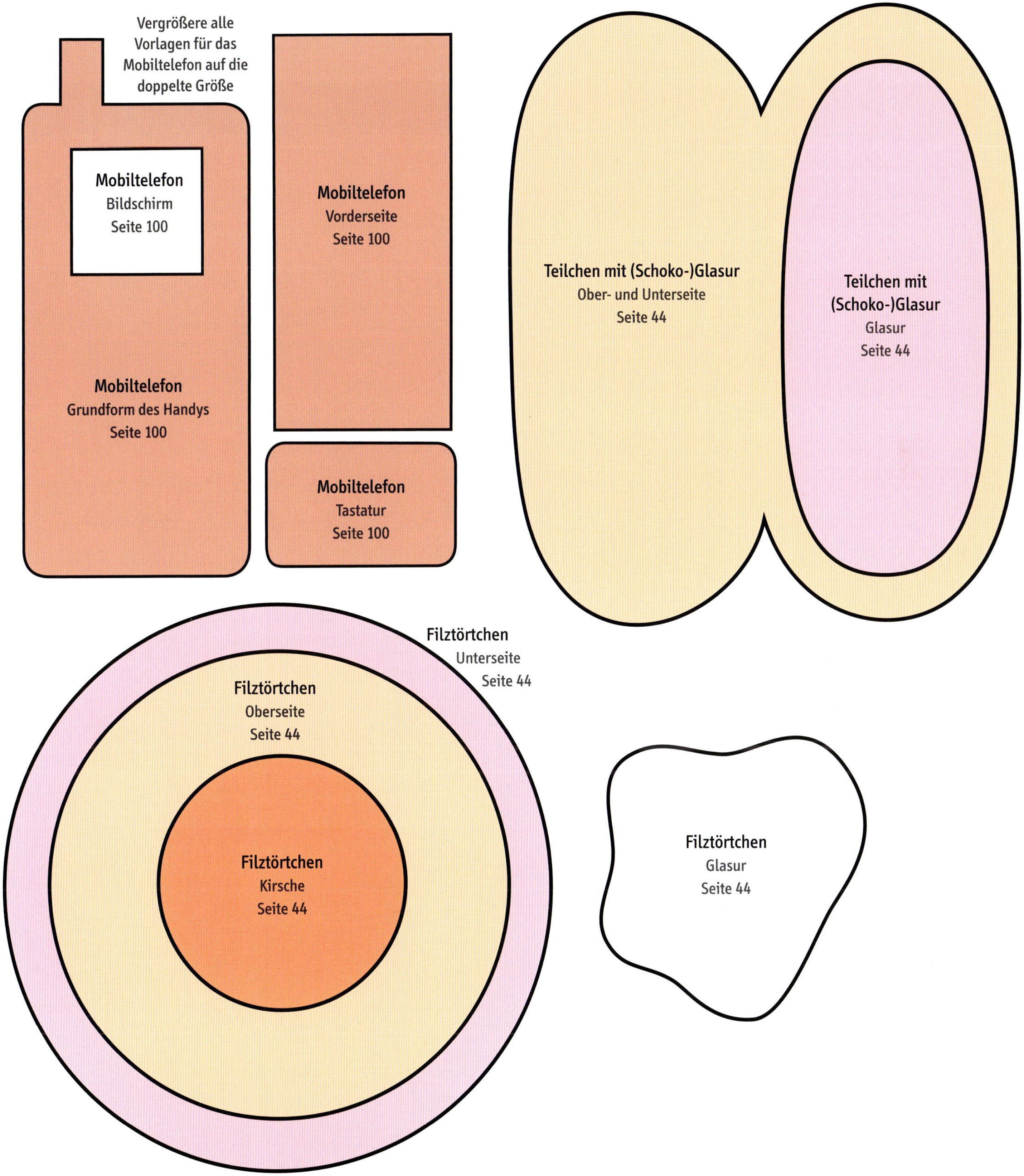

Tierformen für Fingerpuppen

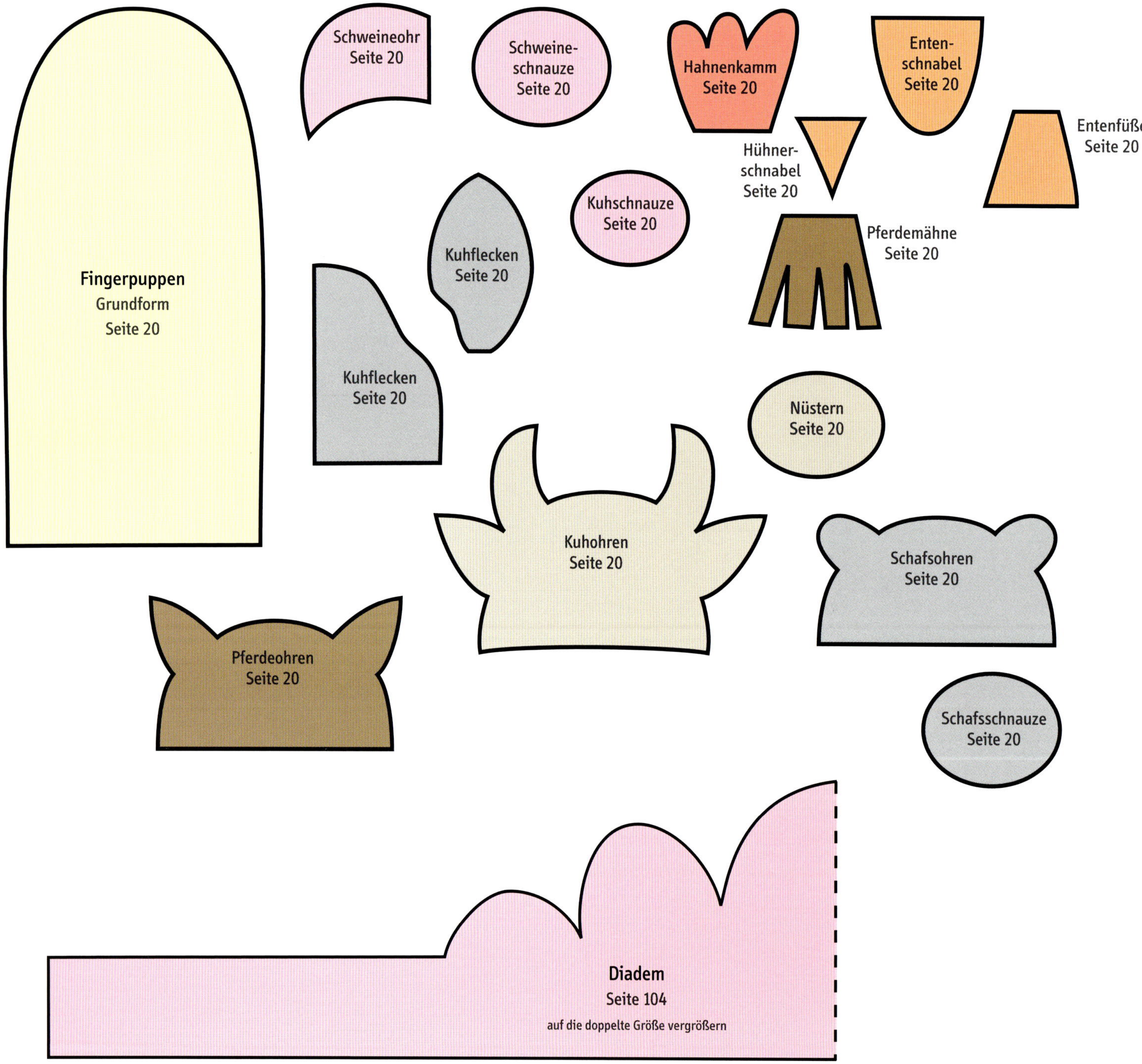

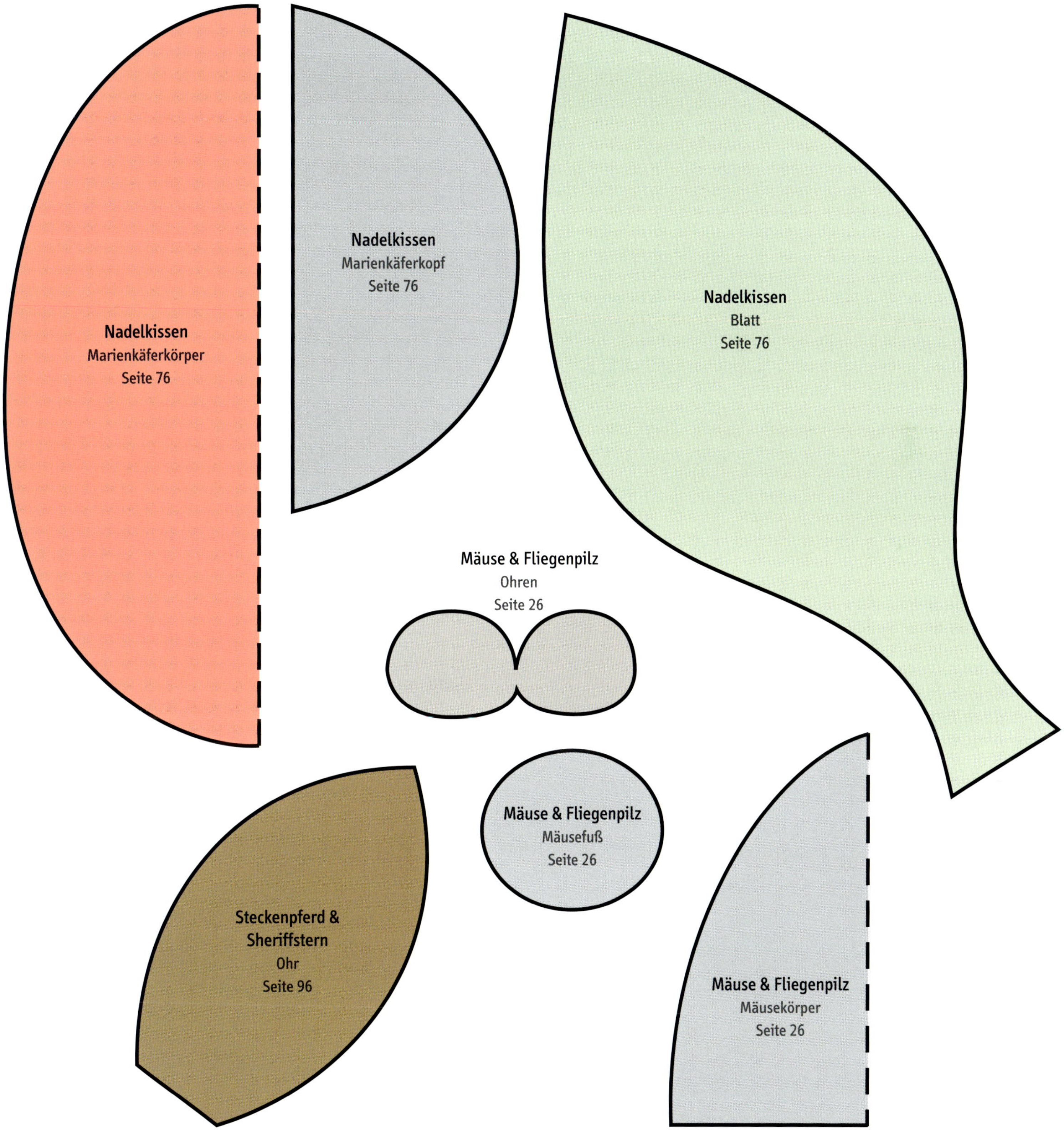
Nadelkissen
Marienkäferkörper
Seite 76
Nadelkissen
Marienkäferkopf
Seite 76
Nadelkissen
Blatt
Seite 76
Mäuse & Fliegenpilz
Ohren
Seite 26
Mäuse & Fliegenpilz
Mäusefuß
Seite 26
Steckenpferd &
Sheriffstern
Ohr
Seite 96
Mäuse & Fliegenpilz
Mäusekörper
Seite 26

Weise alte Eule

Vergrößere alle Vorlagen auf die doppelte Größe

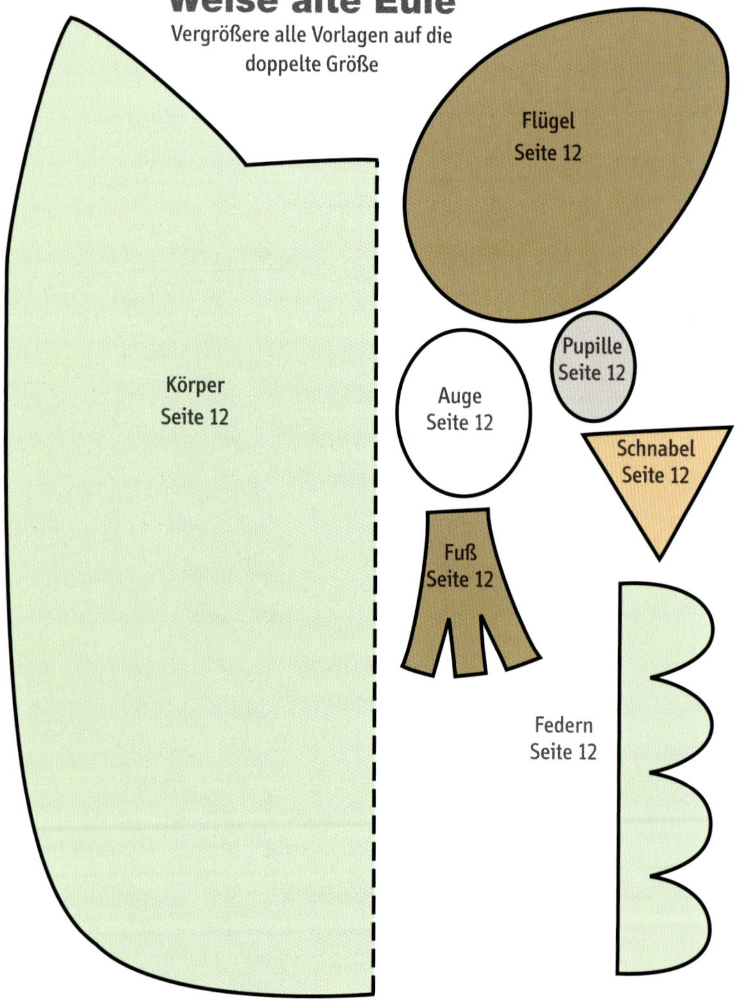

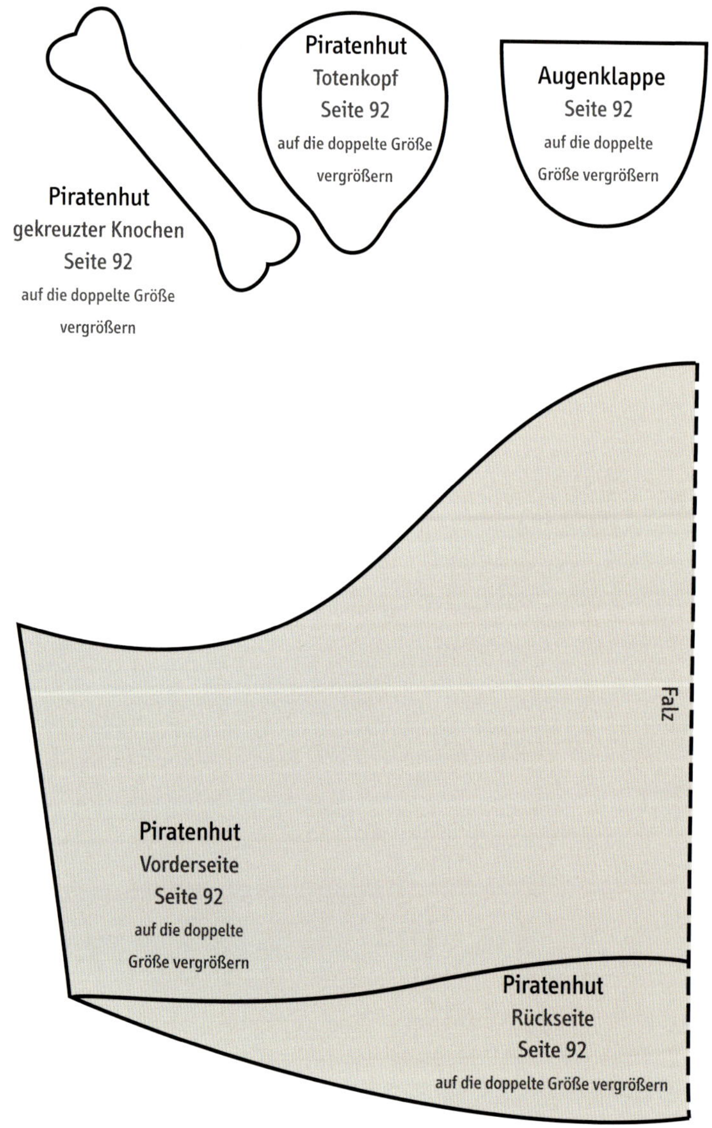

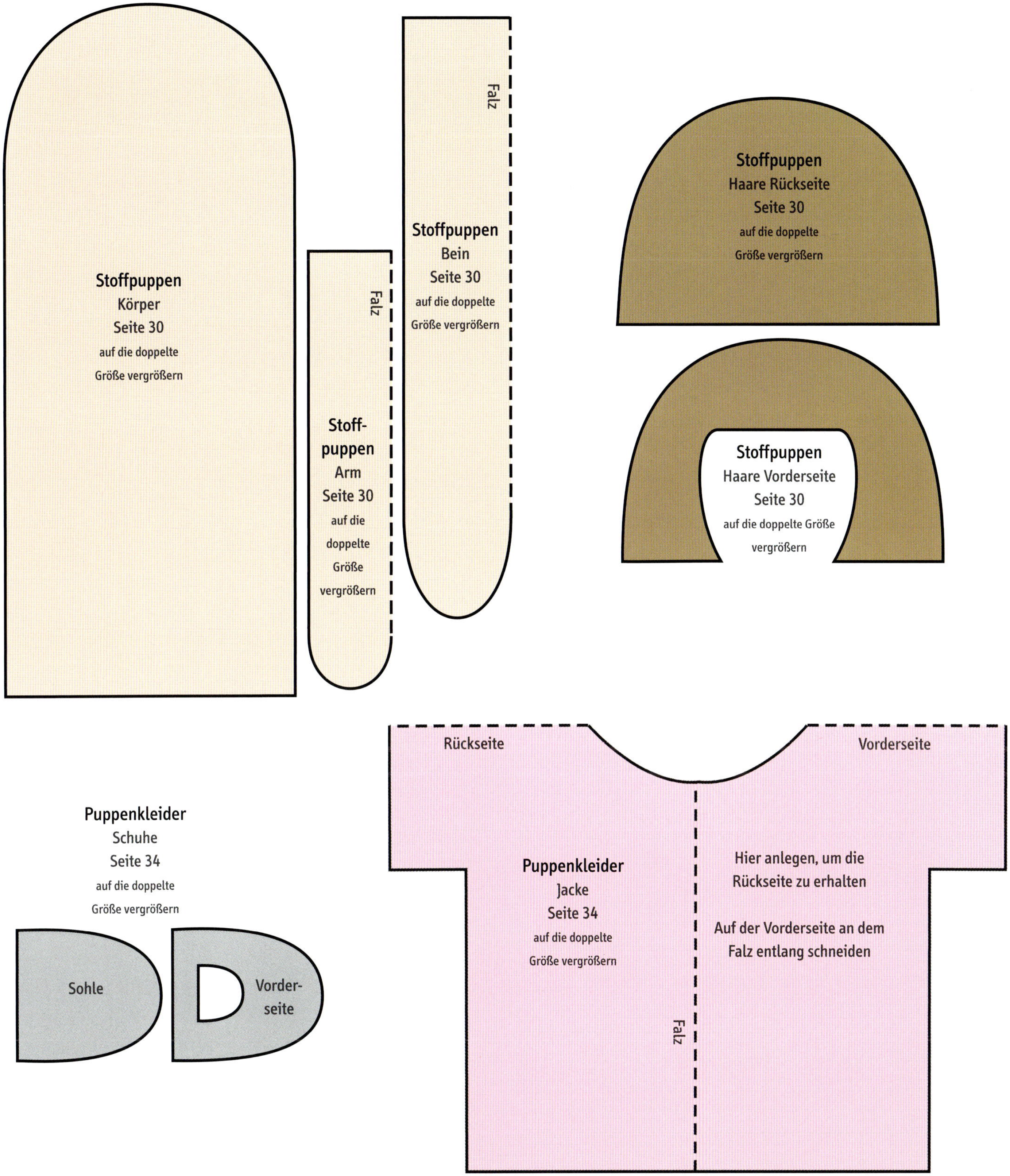
Stoffpuppen
Körper
Seite 30
auf die doppelte
Größe vergrößern
Falz
Stoff-
puppen
Arm
Seite 30
auf die
doppelte
Größe
vergrößern
Falz
Stoffpuppen
Bein
Seite 30
auf die doppelte
Größe vergrößern
Stoffpuppen
Haare Rückseite
Seite 30
auf die doppelte
Größe vergrößern
Stoffpuppen
Haare Vorderseite
Seite 30
auf die doppelte Größe
vergrößern
Puppenkleider
Schuhe
Seite 34
auf die doppelte
Größe vergrößern
Sohle
Vorder-
seite
Rückseite
Vorderseite
Puppenkleider
Jacke
Seite 34
auf die doppelte
Größe vergrößern
Hier anlegen, um die
Rückseite zu erhalten
Auf der Vorderseite an dem
Falz entlang schneiden
Falz

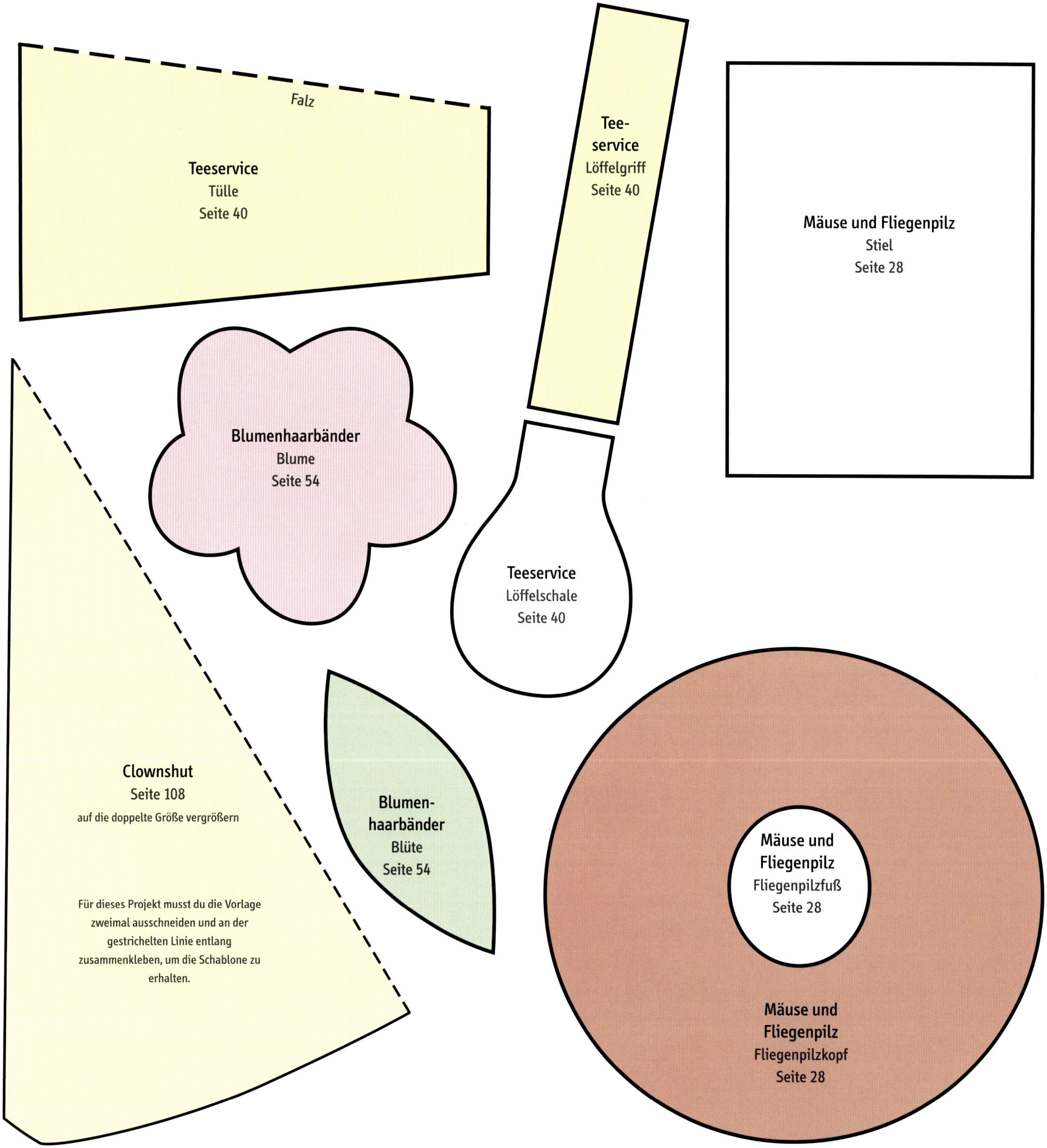
Falz
Teeservice
Tülle
Seite 40
Tee-
service
Löffelgriff
Seite 40
Mäuse und Fliegenpilz
Stiel
Seite 28
Blumenhaarbänder
Blume
Seite 54
Teeservice
Löffelschale
Seite 40
Clownshut
Seite 108
auf die doppelte Größe vergrößern
Für dieses Projekt musst du die Vorlage zweimal ausschneiden und an der gestrichelten Linie entlang zusammenkleben, um die Schablone zu erhalten.
Blumen-
haarbänder
Blüte
Seite 54
Mäuse und
Fliegenpilz
Fliegenpilzfuß
Seite 28
Mäuse und
Fliegenpilz
Fliegenpilzkopf
Seite 28

Hersteller

Bei diesen Herstellern findest du alles, was du zum Nähen brauchst

Stoffe:

Coats GmbH, Kenzingen
www.coatsgmbh.de

Westfalenstoffe AG, Münster
www.westfalenstoffe.de

Vliese:

Freudenberg Vliesstoffe KG, Heidelberg
www.vlieseline.de

www.guetermann.com

Garne / Knöpfe / Reißverschlüsse / Spitze u. a. Zubehör:

Coats GmbH Kenzingen
www.coatsgmbh.de

www.guetermann.com

Prym Consumer GmbH, Stolberg
www.prym-consumer.com

Knöpfe:

www.unionknopf.de

Stichwortverzeichnis

Danksagung

Ein großes Dankeschön geht an Debbie Patterson, die die Projekte lebendig werden ließ und immer den richtigen Moment festhalten konnte.

Vielen Dank an unsere so sagenhaft begeisterten Models, Mohamed und Fatima Zahre Et-Taheri, Maddie Hill, Isaac und Milli Simcock-Brown, Alex und Indi Godfrey Strowbridge und Gracy und Betty Dahl. Ihr seid Stars! Und ein Dankeschön an eure Eltern, die euch immer zu den Aufnahmen gebracht haben.

Vielen Dank an Pete Jorgensen für seine unglaubliche Geduld und die harte Arbeit, mit der er alles zusammengehalten hat, Helen Ridge für die Redaktion, Sally Powell für die Organisation der tollen Models und Drehorte und Cindy Richards dafür, dass ich dieses Buch überhaupt machen durfte.

Und ich danke Laurie, Gracie und Betty. Um nichts in der Welt hätte ich es ohne euch geschafft.